GUIDE OFFICIEL

A

L'EXPOSITION UNIVERSELLE

Tous le renseignements contenus dans ce Guide correspon-
dent, d'un côté, aux indications du Plan-Guide officiel, de l'autre
à celles du Catalogue général.

GUIDE OFFICIEL

A

L'EXPOSITION UNIVERSELLE

DE 1867

VADE-MECUM DU VISITEUR

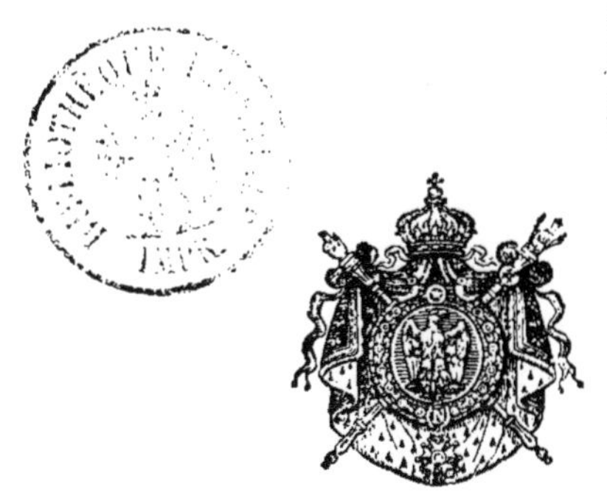

PARIS

E. DENTU, LIBRAIRE-ÉDITEUR

DE LA COMMISSION IMPÉRIALE

PALAIS-ROYAL, 17 ET 19, GALERIE D'ORLÉANS,

PARIS, PAUL DUPONT

1867

INTRODUCTION

Nous ne remonterons pas très-loin dans le passé pour retrouver l'origine des expositions universelles. Le point de départ véritable de ces concours est assez nettement marqué pour que nous soyons dispensé de faire étalage d'érudition et de suppositions ingénieuses. La première idée d'une exposition contenait en germe tout le développement que devaient prendre plus tard ces puissantes manifestations du génie moderne. Le marquis d'Avèze, directeur de la fabrique des Gobelins, ayant constaté que la fabrication de l'établissement qu'il administrait avait périclité d'une manière alarmante, conçut la pensée d'organiser une exposition de tapisseries, dans le double dessein de rappeler l'attention sur cette branche importante de l'industrie nationale, et d'amener des perfectionnements dans les procédés de tissage et de teinture. Ce projet ne fut pas réalisé, par suite des événements politiques, mais l'idée resta, idée pratique et grande, comme le prouva l'extension énorme qu'elle devait prendre.

En 1798, le ministre de l'intérieur, François de Neufchâteau, agrandit cette idée et lui donna une portée toute nationale. La France, épuisée, se recueillait un instant, après avoir traversé les plus terribles épreuves auxquelles une société fût jamais en butte. Il s'agissait de constater un triomphe industriel après avoir enregistré tant de victoires militaires ; de montrer, en un mot, que la France, tandis qu'elle luttait avec bonheur contre l'Europe tout entière, avait conservé et fait fructifier la production intérieure. Un nombre bien modeste d'exposants (104) répondit à l'appel, mais il suffit pour exciter l'étonnement des contemporains et pour prouver que l'industrie française conservait une marche ascendante. Par cet humble mais heureux début le rôle des expositions nationales ou internationales était déjà bien défini. Rassembler d'une façon pratique le bilan des forces matérielles représentées par des machines, des procédés ou des spécimens de production ; constater les progrès accomplis, et en les comparant entre eux, trouver un point de départ pour les perfectionnements additionnels; substituer à l'esprit de routine et de *cachotterie* la libre concurrence par laquelle les véritables intérêts des producteurs sont toujours sauvegardés; en un mot, enseigner ce qui a été fait, récompenser le producteur intelligent, l'encourager à persévérer en lui démontrant que, quelles que soient les grandes crises subies par une portion quelconque de l'humanité, le travail se perpétue et décuple sa puissance en s'appuyant sur ses résultats antérieurs, tel est le principe et le but des expositions, but et principe que l'Exposition de 1867 révèle aussi complétement que possible.

Tout le monde sait le succès qu'ont obtenu les trois dernières expositions universelles; ce succès sera encore dépassé, on ne peut en douter désormais, par celui du concours international qui a lieu au Champ de Mars. Pour la première fois, l'ethnographie, l'archéologie et les sciences sociales ont trouvé place dans une de ces vastes entreprises, où les particuliers et les gouvernements contribuent dans une égale mesure et avec un commun enthousiasme; aussi, malgré des critiques de détail, des réclamations peu nombreuses et, le plus souvent, peu fondées, l'opinion publique a-t-elle sanctionné par une chaleureuse approbation la grande œuvre de 1867, approbation qui s'est traduite par une sorte de suffrage universel dont personne ne peut récuser la validité — le chiffre des recettes.

Dans le guide que nous publions, nous avons cherché à rendre hommage à l'Exposition universelle, non par des phrases et des témoignages d'admiration, mais par une rigoureuse exactitude. Nous avons encore bien des lacunes à combler, bien des fautes à corriger, nous devons en convenir; toutefois, ce qui nous console, c'est que ces défauts ne sont pas irrémédiables et, ne portant pas sur le fond même de l'ouvrage, ne nuisent en rien à la valeur des indications qu'il fournit.

Nous avons adopté pour itinéraire la classification même de la Commission impériale, en suivant pour la partie française du Palais l'indication rigoureuse des classes, et pour les parties étrangères, un plan plus rapide, mais offrant les mêmes conditions de fidélité. Nous avons essayé, en un mot, de mettre en lumière les mérites respectifs de chaque contrée, sans tomber dans une bienveillance qui, selon les cas, pourrait passer pour banale ou intéressée.

En ce qui concerne le Parc, nous avons voulu surtout conduire le visiteur dans les endroits intéressants, et lui épargner des pas et de la fatigue. Nous nous sommes abstenu, par conséquent, de suivre les grandes voies de communication, mais nous n'avons pas renoncé pour cela à énumérer d'une façon complète tous les établissements offrant un caractère marqué d'exposition.

Nous nous sommes également efforcé de ne rien omettre qui présentât un caractère d'utilité pour le visiteur. Nous prenons celui-ci dans le centre de Paris ; nous le conduisons aux portes de l'Exposition où lui sont indiqués le tarif et le règlement des entrées. Nous lui expliquons l'organisation des divers services établis pour la commodité du public, et nous abordons enfin la partie descriptive de l'ouvrage.

TABLEAU

INDIQUANT POUR CHAQUE PAYS L'ESPACE ATTRIBUÉ ET LE NOMBRE
DES EXPOSANTS DANS LE PALAIS DU CHAMP DE MARS.

NOMS DES PAYS [1].	ESPACE occupé par chaque pays [2].	NOMBRE des exposants de chaque pays.
	Mèt. carrés.	
Empire français	63.640.88	11.645
Royaume des Pays-Bas	1.995.54	504
Grand-duché de Luxembourg	6.60	10
Royaume de Belgique	6.993.10	1,148
Royaume de Prusse et Etats de l'Allemagne du Nord	12.765.27	2,206
Grand-duché de Hesse	849.63	258
Grand-duché de Bade	622.34	222
Royaume de Wurttemberg	1.285.75	297
Royaume de Bavière	1.205.34	405
Empire d'Autriche	8.362.58	3,072
Confédération Suisse	2.854.12	986
Royaume d'Espagne	1.768.37	2,071
Royaume de Portugal	765.37	1,026
Royaume de Grèce	707.37	892
Royaume de Danemarck	1.016.50	283
Royaume de Suède	1.930.44	602
Royaume de Norvége		387
Empire de Russie	6.060.70	1,392
Royaume d'Italie	3.459.37	3,992
Etats Pontificaux	620.44	140
Principautés Roumaines	560.83	»
Empire Ottoman	1.525.32	1,499
Vice-royauté d'Egypte	445.38	70
Empire chinois		72
Empire du Japon	1.447.57	»
Principauté de Liou-Kiou		24
Royaume de Siam		13
Royaume de Perse	455.50	»
Régence de Tunis	1.096.87	47
Empire du Maroc		20
Etats-Unis d'Amérique	3.944.74	778
Empire du Brésil		1,073
Républiques de l'Amérique centrale et méridionale	1.016.45	143
Royaume Hawaïen		31
Royaume-Uni de Grande-Bretagne et d'Irlande	21.059.87	3,609
Vestibule	2 683.44	»
Services divers internationaux	935.47	»
TOTAL	148.990.78	42,217

1 Les pays sont rangés dans le tableau selon l'ordre des emplacements qu'ils occupent dans l'Exposition.

2 Non compris l'espace occupé dans le parc, dans le Jardin d'horticulture et à l'île de Billancourt.

LISTE

des Commissaires délégués par les puissances étrangères

Pays-Bas...........	F. Van Den Brock......	29, pl. Saint-Georges.
Belgique...........	Du Pré................	5, rue Montaigne.
Prusse............	Herzog................	29, rue de Marignan.
Saxe..............	Maurice Wiessner.......	42, rue de Bourgogne.
Bavière	Schwab...............	12, r. Faubg.-Poissonnre.
Wurtemberg	De Steinbeis	
Bade	Dietz	Commission 218, r. Grenlle-St-Germn
Hesse	Finck	
Autriche...........	De Schaeffer (le chevr)	25, bt Latour-Maubourg.
Suisse.............	Feer Hergoz...........	19, av. de Labourdonnaye.
Espagne...........	Mis de Bedmar.........	côté de l'Étoile.
Portugal..........	Baron de Santos........	66, rue de Ponthieu.
Grèce.............	Baron E. d'Erlanger....	30, rue Taitbout.
Danemark.........	Paul Calon............	53, rue d'Hauteville.
Suède.............	De Fahneihjelm........	60, rue Spontini.
Norwége	Christensen...........	Grand-Hôtel.
Russie............	De Thal (Robert)........	123, av. Champs-Elysées.
Italie.............	De Giordano...........	40, avenue de Suffren.
Rome.............	Du Havelt (le baron)....	22, r. des Saints-Pères.
Roumanie	Alecsandri (lieutent-cnel)	64, av. de l'Impératrice.
Turquie...........	Chauvin...............	68, rue de la Victoire.
Egypte............	Charles-Edmond........	au palais du Luxembourg
Perse.............	Aubergier.............	10, rue de Las-Cases.
Tunis, Maroc, Chine, Japon	Baron Jules de Lesseps..	25, avenue Montaigne.
Siam..............	Grehan	18, rue d'Amsterdam.
Etats-Unis........	Beckwith.............	184, rue de Rivoli.
Brésil	Comte de Penedo (chevr Ribeiro da Sylva......	rue Saint-Honoré, 244.
Républiques améri-caines...........	Herran (Victor)........	19, rue Descamps.
Royaume Hawaïen.	W. Martin.............	13, av. Reine-Hortense.
Grande-Bretagne....	Cole (Henry) Commissaire, Wylde, secrétaire......	71, av. Champs-Elysées.
Missions Protestantes	Vernes (Th.)...........	25, faubg Saint-Honoré.

MOYENS DE TRANSPORT.

Les moyens de transport pour se rendre au Champ de Mars sont les suivants:

1º Les voitures de place stationnant de distance en distance sur tous les points de Paris, devant marcher à la première réquisition et coûtant, selon le nombre de places, 1 fr. 80 ou 1 fr. 50 la course.

2º Les lignes d'omnibus A, B, V, Z, AC, AD, plus des lignes supplémentaires encore sans désignation, prix : 30 centimes dans l'intérieur et 15 centimes sur l'impériale.

3º Le chemin de fer américain, partant de la rue du Louvre, en face de la colonnade, et du pont de la Concorde; — prix 50 c.

4º Les bateaux à vapeur descendant la Seine depuis Bercy, faisant escale sur divers points du fleuve, et partant toutes les dix minutes; — prix 20 c.

5º Le chemin de fer de Ceinture dans son entier développement, sur la rive droite et sur la rive gauche, ayant une section de raccordement à partir du Point-du-Jour, avec l'Exposition. Il y a chaque jour 28 trains d'arrivée et 31 trains de départ. Prix 50 c.

En dehors de tous ces moyens de transport, des voitures de toute sorte, depuis la voiture de remise jusqu'à la tapissière, se trouvent à la disposition du public, principalement aux heures de sortie.

Un télégraphe spécial établi près des portes Rapp et de Labourdonnaye permet aux visiteurs de faire avancer immédiatement leurs voitures.

PRIX ET MODE DES ENTRÉES.

Le mode et le prix des entrées à l'Exposition sont ainsi établis :

L'Exposition est subdivisée en trois parties distinctes.

La première, dite enceinte *du Parc*, renferme le Palais du Champ de Mars, le parc qui l'entoure et la berge de la Seine.

La deuxième, dite enceinte *du Jardin*, située à l'ang'e sud-est du Champ de Mars, renferme le Jardin consacré à l'Exposition d'horticulture.

La troisième, dite enceinte *de Billancourt*, située sur la Seine, à 5 kilomètres en aval du Champ de Mars, renferme l'Exposition agricole et le champ d'expériences de l'Ile de Billancourt.

Des péages distincts sont établis pour chaque enceinte.

Les portes de l'enceinte du Parc sont distribuées et désignées de la manière suivante :

Nᵒ 1. *Grande Porte*, sur le quai d'Orsay, en face du pont d'Iéna.

Nᵒ 2. *Porte de l'Université*, à l'angle du quai d'Orsay et de l'avenue Labourdonnaye.

Nᵒ 3. *Porte Rapp.*

Nᵒ 4. *Porte Labourdonnaye.*

Nᵒ 5. *Porte Saint-Dominique*, sur l'avenue Labourdonnaye, au débouché de l'avenue Rapp et de la rue Saint-Dominique.

Nº 7. *Porte de l'École Militaire*, en face du pavillon de l'Horloge.

Nº 8. *Porte Dupleix*, à l'angle de l'avenue de Lamotte-Piquet et de l'avenue de Suffren.

Nº 9. *Porte Kléber.* — Nº 10. *Porte de Suffren.* — Nº 11. *Porte Desaix*, au milieu de l'avenue de Suffren.

Nº 12. *Porte de la Gare*, sur l'avenue de Suffren, au débarcadère de l'embranchement du chemin de fer de Ceinture, près du quai d'Orsay.

Nº 13. *Porte de Grenelle*, à l'angle de l'avenue de Suffren et du quay d'Orsay.

Nº 14. *Porte de Billancourt*, sur la berge de la Seine, en aval du pont d'Iéna.

Nº 15. *Porte d'Orsay*, sur la berge de la Seine, en amont du pont d'Iéna.

Une seule porte extérieure est affectée à l'enceinte du Jardin :

Nº 6. *Porte de Tourville*, située à l'angle de l'avenue Labourdonnaye et de l'avenue de Lamotte-Piquet.

Quatre portes de communication intérieures entre l'enceinte du Parc et celle du Jardin sont ménagées dans la clôture commune. — En outre deux tourniquets ont été établis aux abords du Cercle et mettent cet établissemen en communication directe avec le Champ de Mars ; un autre tourniquet a été installé dans le restaurant situé à droite, sur la berge.

Les entrées avec cartes ont lieu par des guichets, ménagés près des tourniquets, à celles des portes qui sont spécialement désignées pour chaque catégorie de cartes.

Les cartes d'entrée, à quelque catégorie qu'elles appartiennent, sont nominatives et essentiellement personnelles ; elles sont signées par le titulaire qui est tenu de reproduire sa signature sur un registre spécial, à toute réquisition des agents chargés des contrôles.

Toutefois on peut s'affranchir de la formalité du contrôle de la signature par le dépôt ou l'envoi de son portrait-carte photographié, en double exemplaire, dont l'un est appliqué sur la carte d'entrée.

Toute carte prêtée sera retirée.

La personne qui prêtera sa carte et celle qui fera usage d'une carte ne lui appartenant pas seront poursuivies conformément à la loi.

Le *Tarif des entrées* pour les enceintes du *Parc* et du *Jardin* est fixée ainsi :

1° Entrée de l'enceinte du *Parc;*

A partir de dix heures du matin 1 *franc;* à partir de huit heures du matin, 2 *francs.*

2° Entrée directe de l'enceinte du *Jardin* par la porte de Tourville :

A partir de dix heures du matin 1 *fr.* 50 *centimes.*

A partir de huit heures du matin, 2 *fr.* 50 *centimes.*

3° Passage de l'enceinte du *Parc* dans l'enceinte du *Jardin :*

A toutes heures, 50 *centimes.*

Les prix des péages spéciaux autorisés par la Commission impériale, pour certains établissements, seront indiqués par un avis hebdomadaire, et affichés aux portes de chacun de ces établissements.

Toute personne qui sortira des enceintes ne pourra y rentrer qu'en payant de nouveau aux tourniquets.

Des *cartes d'abonnement* nominatives et personnelles, valables pour toutes la durée de l'Exposition, sont mises à la disposition du public.

Le prix de ces cartes d'abonnement est fixé uniformément à 60 *francs*.

Les cartes d'abonnement donnent le droit :

D'entrer tous les jours dans le Parc du Champ de Mars, dans le Palais et dans le Jardin, aux heures d'admission générale du public et aux heures réservées ;

De visiter sans rétribution les Expositions à péages spéciaux ;

De visiter l'Exposition agricole et les Champs d'expériences de l'île de Billancourt.

Des guichets spécialement destinés aux abonnés sont établis à toutes les portes, excepté aux portes Labourdonnaye (n° 4), Saint-Dominique (n° 5), Kléber (n° 9), de Suffren (n° 10).

Les abonnés munis de cartes revêtues de leur photographie sont dispensés du contrôle de la signature et admis par toutes les portes, sans exception.

Les billets d'abonnement sont délivrés au Commissariat général de l'Exposition, 2, avenue de Labourdonnaye.

Des *billets de semaine* sont également mis à la disposition du public.

Ces billets, nominatifs et personnels, donnent, pour la semaine pendant laquelle ils sont valables, les mêmes droits d'entrée que les cartes d'abonnement.

La semaine à courir commence le jour de la remise du billet.

Le prix des billets de semaine est de 6 *francs*.

Les billets de semaine ne sont délivrés qu'aux personnes qui présenteront leur portrait-carte.

Le libellé du billet donnant le droit d'entrée par toutes les portes est appliqué sur ce portrait-carte.

Les billets de semaine sont délivrés dans un bureau établi à cet effet au Champ de Mars, pavillon du Commissariat général, 2, avenue Labourdonnaye.

Une carte d'entrée gratuite est délivrée à chaque exposant, ainsi qu'à l'agent qu'il a fait agréer par la Commission impériale pour le représenter ou pour garder ses produits.

Les cartes d'exposant sont nominatives et essentiellement personnelles, et ne donnent le droit d'entrer que dans l'enceinte où est située l'exposition du titulaire.

Les cartes des exposants dont les expositions sont temporaires ne sont délivrées que pour la durée de ces expositions.

Les exposants de l'enceinte du Parc et leurs agents seront admis par quatre guichets de service, ouverts aux portes de l'Université (nᵒ 2), de l'Ecole-Militaire (nᵒ 7), de la Gare (nᵒ 12), et d'Orsay (nᵒ 15).

Les exposants ou leurs agents qui se sont affranchis de la formalité du contrôle de la signature par le dépôt de leur photographie, sont admis par toutes les portes de l'enceinte.

Les exposants de l'enceinte du Jardin et les agents de ces exposants sont admis par un guichet de service ménagé à la porte de Tourville.

SERVICE DE LA POSTE ET DU TÉLÉGRAPHE.

Un bureau de poste est établi, pendant toute la durée de l'Exposition universelle, au Champ de Mars, à proximité du Commissariat général, avenue de Labourdonnaye.

Les visiteurs et autres personnes admises dans l'enceinte de l'Exposition pourront se faire adresser, poste restante, à ce bureau, des lettres ordinaires ou chargées, des journaux, imprimés, échantillons, papiers d'affaires, en un mot, tous les objets qui sont admis à circuler en France par la poste.

Ces objets devront porter sur la suscription, à la suite de l'indication des noms et qualités des destinataires, la mention suivante :

POSTE RESTANTE

Au bureau de poste du Palais de l'Exposition univer-selle de 1867, à Paris.

La distribution en sera faite aux destinataires, au guichet de ce bureau, sur la production d'une pièce constatant leur identité.

Deux bureaux télégraphiques sont établis au Champ de Mars, l'un près du Commissariat général, l'autre au Cercle international.

DESCRIPTION GÉNÉRALE

DU

PALAIS DE L'EXPOSITION

Le Palais de l'Exposition occupe une superficie de 148,991 m. q. au milieu des 44 hectares que mesure le Champ de Mars. Il n'est composé que d'un rez-de-chaussée et figure une sorte d'ellipse * dont le grand axe, dirigé du pont d'Iéna vers l'École militaire a 490 mètres de longueur, et le petit axe, de la porte Rapp à la porte de Suffren, 380 mètres. Au centre de l'édifice se trouve un jardin central, dont le périmètre est parallèle à celui du Palais et qui mesure 166 mètres sur 56.

La construction de ce bâtiment repose presque entièrement sur l'emploi de la tôle et du verre. Nulle combinaison de matériaux ne se prêtait mieux aux exigences résultant de la brièveté des délais et de l'aménagement tout spécial des diférentes parties.

Le prince Napoléon, dans un rapport publié en 1855, avait émis le vœu que désormais, dans les Expositions universelles, les produits fussent classés en même temps

---

* En réalité, le Palais du Champ de Mars se compose d'un rectangle terminé par deux demi-cercles; mais, dans la pratique, cette forme peut être considérée comme ovale.

par ordre similaire et par ordre de nations. Cette idée a été mise en pratique de la manière la plus heureuse par la Commission Impériale. Le Palais du Champ de Mars est divisé en une série de galeries concentriques et parallèles où sont disposés les objets de nature analogue, tandis qu'un certain nombre de voies rayonnantes déterminent, par leur intersection avec les voies circulaires, la surface occupée par chaque pays. Il est donc permis aux visiteurs soit d'examiner et de comparer facilement les produits similaires des différentes contrées, soit d'embrasser en peu de temps et sans interruption l'industrie et les beaux-arts d'une seule nation.

Le bâtiment de l'Exposition comprend, outre le portique destiné à l'Histoire du travail et situé immédiatement après le jardin central, sept galeries consacrées aux sept groupes suivants :

Groupe I : Œuvres d'art.

Groupe II : Matériel et application des arts libéraux ;

Groupe III : Meubles et objets destinés à l'habitation.

Groupe IV : Vêtements (tissus compris) et autres objets portés par la personne.

Groupe V : Produits (bruts et ouvrés) des industries extractives.

Groupe VI : Instruments et procédés des arts usuels.

Groupe VII : Aliments (frais et conservés) à divers états de préparation.

Les groupes VIII et IX ont leur exposition spéciale dans le Parc du Champ de Mars et à Billancourt.

Quant au groupe X (objets spécialement exposés en vue d'améliorer la condition physique et morale de la population), comme il embrasse non des produits similaires, mais des spécimens caractérisés par les qualités intrinsèques unies au bon marché, il occupe dans le Palais un secteur tout entier, et dans le Parc une partie spéciale où sont exposées les habitations ouvrières (classe 93).

La galerie des œuvres d'art, qui suit immédiatement le portique de l'Histoire du travail, en allant du centre à la circonférence, comprend un certain nombre de salles larges de 15 mètres et de longueur variable.

Les trois galeries du matériel des *arts libéraux*, du *mobilier* et du *vêtement*, se composent chacune d'un chemin large de 5 mètres, qui laisse des deux côtés un vaste espace affecté aux différentes salles d'exposition.

La cinquième galerie est celle des *industries* extractives; elle a les mêmes dimensions que le portique de l'histoire du travail et la galerie des œuvres d'art.

Après la 5ᵉ galerie, s'élève une nef monumentale qui enveloppe tout le Palais comme la muraille d'un amphithéâtre. C'est la galerie des *arts usuels*, autrement dite la grande galerie du Travail. Sa largeur, entre les appuis, est de 35 mètres; sa hauteur sous clef de 25 mètres. Les piliers, au nombre de 176, formant 88 travées, font saillie sur la toiture, laquelle est composée d'une série de plaques en tôle ondulée, et dont le faîte extérieur est disposé en promenoir aérien. Ces 176 piliers ont 26 mètres de hauteur et pèsent chacun près de 12,000 kilogrammes.

Le milieu de la nef des machines est occupé par une plate-forme de fonte en colonnade, qui s'étend sur tout le pourtour. Cette plate-forme supporte par intervalles les arbres de transmission qui communiquent le mouvement aux machines placées à droite et à gauche. Elle est également disposée en passage, d'où les visiteurs aperçoivent toute une série d'appareils en mouvement.

Le spectacle qui se déroule du haut de ce promenoir est unique dans l'univers. Pour la première fois, l'industrie humaine, manifestée par ses agents mécaniques, rivalise en majesté avec les plus imposants phénomènes de la nature.

Le groupe des aliments vient ensuite. La galerie circulaire qui lui est consacrée a 14 mètres de largeur, 6 mètres de hauteur et 1,413 mètres de pourtour. Là, sont installés des cafés et des restaurants, etc., de diverses nations, qui livrent aux consommateurs, à des prix tarifés, les produits de leur industrie.

Cette septième galerie, qui est pour ainsi dire extérieure, est contiguë à la promenade couverte, de 6 mètres de largeur, qui tourne autour du Palais, et qui communique, par toutes ses ouvertures, avec le Parc.

Seize voies rayonnantes coupent perpendiculairement les galeries circulaires. Ce sont d'abord : le grand vestibule, situé en face du pont d'Iéna, long de 105 mètres, large de 25 mètres dans sa première moitié, de 15 mètres dans la seconde, et haut de 25 mètres. Il est couvert d'un toit plein et orné des deux côtés par des vitraux d'une grande dimension. Viennent ensuite, en allant vers la gauche, les rues d'Alsace, de Normandie et de Flandre, chacune large de 5 mètres ; la rue de Paris, correspondant à la porte de Labourdonnaye et large de 10 mètres ; les rues de Lorraine, de Provence et des Pays-Bas, larges de

5 mètres; la rue de Belgique, large de 15 mètres et faisant face à l'Ecole militaire ; les rues de Prusse , d'Autriche et de Suisse, larges de 5 mètres ; la rue de Russie, large de 10 mètres ; enfin les rues d'Afrique, des Indes et d'Angleterre, larges de 5 mètres.

De l'intersection de ces voies rayonnantes avec les galeries concentriques résulte la classification même des produits, et ces quelques données très-simples à retenir suffisent pour guider d'une manière générale le visiteur dans le Palais.

ITINÉRAIRE DU VISITEUR

Le système de classification adopté pour l'aménagement de l'Exposition fournit tout naturellement la méthode à suivre pour examiner en détail les produits de chaque classe et de chaque nation. Le jardin central doit toujours servir de point de repère ; là se trouvent indiqués les secteurs des différents pays et les rues qui, dans la partie française, conduisent à proximité de telle ou telle classe. Pour guider le visiteur, nous partirons par conséquent du jardin central, et nous parcourrons les espaces attribués aux diverses nations, en commençant par la France et en suivant l'ordre dans lequel ils se succèdent dans le Palais. Naturellement, dans la pratique, il sera impossible, en passant d'un groupe à un autre, de revenir au grand vestibule ; mais nous avons pourvu à la difficulté en divisant rigoureusement les groupes et les classes, de telle façon qu'en circulant en zigzag pour se rendre d'un groupe à un autre, on puisse trouver instantanément les indications nécessaires, et savoir l'endroit précis où l'on se trouve.

LE GRAND VESTIBULE.

Après avoir remonté l'avenue d'Iéna, nous nous trouvons sous une grande marquise de verre disposée en éventail. C'est l'entrée principale du Palais. Là, au milieu des fleurs et des plantes rares, s'élèvent deux glaces de Saint-Gobain, dont la transparence est telle qu'il est impossible de s'apercevoir de leur présence, à moins d'en être prévenu.

En avançant, nous nous trouvons dans la grande galerie du travail, qui nous offre, à gauche, du côté français, de magnifiques trophées de cuivre et de fer ouvrés ; à droite, du côté anglais, une pyramide représentant le cube de l'or extrait des mines d'Australie depuis leur découverte.

Après avoir dépassé la grande galerie du travail, nous nous trouvons dans le vestibule. De chaque côté s'élèvent de superbes installations disposées en salons du côté gauche (français), en trophées du côté droit (anglais).

Au milieu de ce vestibule s'élèvent, de distance en distance, des objets du plus grand prix, parmi lesquels nous signalerons le *Vautour* en bronze, de Caïn, les coupes gagnées sur le turf anglais et une belle horloge de Lepaute. Des vitraux placés des deux côtés, comme nous l'avons déjà dit, ne laissent pénétrer qu'un jour discret. Des chaises payantes et des banquettes gratuites divisent la voie dans presque toute sa longueur.

LE JARDIN CENTRAL.

Au sortir du grand vestibule, nous nous trouvons dans le jardin central, qui est spécialement destiné à servir de lieu de repos et de point de repère aux visiteurs.

Le pavillon destiné aux poids et mesures des différents peuples s'élève au centre du jardin entre quatre bassins ovales en béton aggloméré. De nombreuses statues, dont plusieurs sont réellement remarquables, représentent la sculpture. Des chaises très-nombreuses bordent les plates-bandes de fleurs.

Dans la partie anglaise, sous le petit promenoir couvert, se voient les pompes à incendie de la Grande-Bretagne.

De grands rideaux verts séparent le jardin du promenoir, et permettent de circuler à l'ombre, à toute heure de la journée.

Si, après avoir fait le tour du jardin central, nous voulons procéder à une visite systématique du Palais, il faut revenir sur nos pas daus le grand Vestibule et examiner l'exposition de l'Histoire du travail.

PORTIQUE DE L'HISTOIRE DU TRAVAIL

Le portique de l'Histoire du travail est consacré à l'exposition des produits caractéristiques de chaque nation à toutes les époques. Sous le péristyle du jardin central se trouvent les plans d'un grand nombre de monuments d'architecture. Cette intéressante collection complète celle du portique intérieur, en nous donnant l'aspect de la disposition des édifices où étaient rassemblés les curieux spécimens disposés dans la galerie qui nous occupe.

Le catalogue de l'Histoire du travail n'a pas été encore publié. Ce retard est vivement regretté. Plusieurs salles n'étaient pas ouvertes au moment où ce *Guide* était mis sous presse, aussi remarquera-t-on quelques lacunes inévitables dans cette partie de notre publication.

Revenons sur nos pas, et prenons la première porte à droite qui nous introduit dans la salle affectée aux spécimens les plus anciens de l'art français. Ce sont d'abord les haches, les instruments de pierre des âges anté-historiques (comparez avec la Suisse), ensuite des armes, monnaies et ustensiles gaulois et gallo-romains. Nous passons au moyen âge, qui est représenté de la manière la plus large et la plus complète,

2*

notamment en ce qui concerne le matériel du culte. Les armes, surtout les lames d'épées, sont très-intéressantes. Les armures sont en petit nombre. Les personnes qui voudraient s'instruire plus en détail à cet égard doivent visiter le Musée d'artillerie. — Citons enfin des tapis, des vêtements, des bijoux, des poids, monnaies, etc.

Nous entrons ensuite dans la salle de la Renaissance, qui nous offre surtout de remarquables émaux.

Après avoir passé devant le plan en relief des tombeaux de Saint-Denis, exposé à l'entrée de la rue de France, nous arrivons aux salles des xviie et xviiie siècles, sur laquelle nous appelons spécialement l'attention. Là se trouvent des tapisseries, des statuettes, des meubles remarquables, ainsi que de beaux morceaux de sculpture religieuse, au nombre desquels nous devons signaler un Christ en ivoire exposé sous le n° 3,151, et qu'on dit avoir appartenu à Fénelon.

Ajoutons, en terminant, que dans la galerie française de l'Histoire du travail se trouvent des manuscrits et des spécimens d'imprimerie aussi rares que précieux au point de vue de l'exécution.

GROUPE I

ŒUVRES D'ART

GALERIE DES ŒUVRES D'ART

(Classes 1 à 6).

La galerie des OEuvres d'art s'ouvre dans le grand vestibule après le portique de l'Histoire du travail. Elle comprend les œuvres d'artistes admis aux expositions des beaux-arts depuis 1855.

Les limites de cette publication ne nous permettent pas de citer les œuvres remarquables qui se trouvent dans la galerie des Beaux-Arts (peinture, sculpture, gravure) et dans le jardin central (sculpture). Nous nous contenterons de nommer des noms chers au public. On y voit, comme tableaux, les œuvres d'Armand Dumaresq, de Barrias et de Beaucé, de feu Bellangé, dont les œuvres pleines de caractère excitent l'admiration et les regrets, de Bénouville, Courbet, Curzon, Henriette Browne, Cabanel, Brion, Rosa Bonheur, Biard, Bida, Dubuffe, Jean-Hippolyte Flandrin, qui a précédé de si peu son rival qu'on ne peut appeler son vainqueur, le grand Ingres; Français, Fromentin, Gérôme, Giacometti, les Glaize, Gudin, Hammond, Leleux, Le Poittevin, Meissonnier, Millet, Moreau, Pils, Protais, Puvis de Chavanne, Robert Fleury, les Rousseau, feu Troyon, Humann, Winterhalter, Yon et Ziem.

Pour l'indication des peintures dues à ces maîtres modernes nous renvoyons au Catalogue, le classement des toiles étant trop arbitraire pour nous permettre de désigner clairement leur place sans augmenter d'une manière démesurée les limites de cet ouvrage.

La sculpture et la gravure sur médailles sont réunies dans une même classe. Parmi les sculpteurs nous remarquerons Caïn, Carpeaux, Cavelier, Dantan, feu Diéboldt, Etex, Franceschi, Guillaume, Millet, Louis Rochet, Roubaud.

La plupart des œuvres de ces artistes éminents sont disposées dans le jardin central, aux abords du Palais, dans la partie française. Ils prouvent une fois de plus que dans la statuaire moderne, la France occupe une place à part qui ne peut lui être disputée que par l'Italie.

A partir de l'avenue de Lorraine, l'exposition de peinture fait place à celle des restitutions d'anciens monuments faites par l'Académie française de Rome.

GROUPE II

—

ARTS LIBÉRAUX

(Classes 6 à 13).

Immédiatement après la galerie des Œuvres d'art s'ouvre dans le grand vestibule la galerie des Arts libéraux formant le groupe II et comprenant de la 6ᵉ à la 13ᵉ classe.

La classe 6 se présente la première : elle comprend Classe 6. les produits d'imprimerie et de librairie. Nous trouvons d'abord dans le grand vestibule, des deux côtés de cette galerie, les vitrines des maisons Mame et Hachette.

En poursuivant ensuite notre chemin, nous rencontrons les spécimens de typographie, d'autographie, de lithographie en noir et en couleur, de gravures, de livres nouveaux, de publications périodiques, des dessins, atlas, albums, etc. Dans cette classe nous avons à signaler particulièrement l'exposition de l'Imprimerie impériale et celle des grandes maisons de Paris et de la province, qui, presque toutes transmises de père en fils, soutiennent dignement l'honneur de la typographie française : les Didot, Curmer, Didier, Dentu, Charpentier,

Furne, Claye, etc. La gravure est également représentée d'une manière remarquable, soit par des collections de dessins, soit par des spécimens séparés.

Classe 7.   Après avoir traversé la rue d'Alsace, nous nous trouvons dans la classe 7, comprenant les objets de papeterie, les reliures, le matériel des arts de la peinture et du dessin. Comme on le voit par cette nomenclature, peu de classes réunissent des objets plus variés. Les produits qui prédominent cependant sont les papiers de diverses couleurs, les registres, les albums, carnets, buvards, etc., les couleurs et pinceaux, les encres, etc.

Afin de rapprocher les produits d'une même fabrique, on a été obligé d'admettre dans cette classe certains objets qui semblent ne se rapporter en aucune façon au matériel des arts libéraux : c'est ainsi qu'on y trouve les papiers à cigarette et des ressorts de crinoline.

Classe 9.   Après avoir traversé la rue de Normandie, nous nous trouvons dans la classe 9 comprenant *les épreuves et appareils de la photographie*. Cette spécialité toute française est dignement représentée, et de l'aveu de toutes les nations étrangères elles-mêmes, nos procédés photographiques l'emportent sur tous les autres. Parmi les produits remarquables nous n'en signalerons que trois ou quatre, la gravure héliographique de Nicéphore Niepce, la première épreuve négative sur verre obtenue en 1848 par M. Niepce de Saint-Victor sur verre albuminé, et la première épreuve positive tirée d'après ce cliché; enfin, la première épreuve de gravure héliographique sur acier obtenue d'après le principe de Nicéphore Niepce, modifié par M. Niepce de Saint-Victor. Ces monuments de l'histoire de la photographie offrent un incontestable intérêt. La classe 9 est ainsi la seule de l'Exposition où le premier résultat obtenu soit placé en regard des dernières applications de la science.

Nous signalerons un grand nombre d'appareils photographiques qui ont d'autant plus de mérite qu'ils sont placés, pour ainsi dire, en regard de leurs produits.

Après avoir traversé la rue de Flandre, on se trouve, à gauche, devant la classe 8, comprenant *l'application du dessin et de la plastique aux arts usuels*, c'est-à-dire les œuvres artistiques pouvant servir de modèle et d'ornementation à l'industrie. On y remarque donc des dessins destinés à l'impression d'étoffes, au tissage, à la broderie et à l'ameublement ; des dessins d'ornementation, des moquettes, des modèles pour la bijouterie, l'orfévrerie, les camées, vitraux, gravures, etc.; enfin, des dessins et objets de plastique industrielle obtenus par des procédés mécaniques.

Cette classe, qui représente un des côtés par lesquels l'industrie française s'est acquis une juste réputation de supériorité, sous le rapport du goût et du sentiment artistique, appliqués aux produits usuels, mérite un examen des plus attentifs. Quels que soient les mérites du même genre que nous aurons à constater dans les sections étrangères, nous n'y retrouverons pas un ensemble qui puisse soutenir la comparaison avec celui-ci.

Immédiatement en face de la classe 8, et se prolongeant au delà de la rue de Paris, se trouve la classe 10, consacrée aux instruments de musique, et contenant, en substance, les orgues, les pianos, les instruments à cordes, à vent, à percussion, ainsi que les accessoires de fabrication, et des éditions d'œuvres musicales.

Cette classe attire tous les jours un grand nombre de visiteurs, non-seulement parce qu'elle représente le matériel d'une des branches les plus importantes des beaux-arts, mais encore parce que chaque jour d'excellents artistes essaient les instruments exposés, notamment les pianos. L'Angleterre, l'Allemagne, l'Amérique même, nous font sous ce rapport une vive concurrence, et nous engageons le visiteur, ami de la mélodie, à visiter attentivement les expositions de la classe 10 dans les salons étrangers.

Les orchestres des peuples des races sémitiques ou sauvages sont largement représentés au Palais du Champ de Mars. Nous signalons particulièrement les instruments de musique turcs, égyptiens, algériens, sénégaliens, cafres, etc. Dans le café tunisien, des musiciens indigènes exécutent tous les jours des airs nationaux.

De magnifiques orgues, mues par la vapeur, sont placées dans la grande galerie des Arts usuels, entre les rues de Lorraine et de Provence.

La classe 12 est située après la rue de Paris, en face de la seconde section de la classe 10. Elle comprend *les instruments de précision et le matériel de l'enseignement des sciences*, c'est-à-dire les instruments destinés aux recherches spéciales à la pédagogie, à l'optique, à l'astronomie, à la marine, à la géodésie; des baromètres et des thermomètres, des appareils nouveaux; enfin, des préparations destinées à mieux faire connaître l'ensemble des règnes naturels.

Nulle classe, pour être appréciée à sa juste valeur, ne demande des connaissances plus variées et plus profondes. Sous le rapport des instruments de précision, les ingénieurs français se sont acquis une réputation universelle et méritée; mais nous devons cependant constater que les nations étrangères leur tiennent dignement tête, notamment l'Angleterre, l'Amérique, les Etats Romains, l'Autriche et la Prusse.

La classe 13 est située après la rue de Lorraine, à gauche, et comprend les cartes et appareils de géographie et de cosmographie. Quoique comptant proportionnellement moins d'exposants que les autres, elle présente des spécimens extrêmement intéressants, parmi lesquels nous citerons les atlas du Ministère de la marine, du Ministère de la guerre et les collections de la Société d'ethnographie. *Classe 13.*

Les expositions de la classe 13 de l'Angleterre, de l'Italie, de l'Autriche, de l'Egypte, méritent d'être comparées à la section française qui leur correspond.

Dans la classe 11, qui occupe les deux dernières sections situées avant la rue de Provence (appareils et instruments de l'art médical), on ne rencontre aucune invention hors ligne appelée à faire une révolution dans l'art chirurgical. Le progrès se manifeste surtout dans les per- *Classe 11.*

fectionnements apportés à la fabrication des instruments.

Nous mentionnerons, parmi ceux-ci, les appareils que nécessitent les opérations de l'art des accouchements, les instruments de lithotritie, l'appareil pour l'ovariotomie et une collection d'instruments pour le traitement des maladies des yeux.

Plus loin, un instrument pour l'extraction des corps étrangers, un appareil pour la transmission du sang, des appareils pour réduire les luxations, munis de dynamomètres.

Des instruments tranchants d'une trempe et d'une monture remarquables.

Un appareil destiné à produire l'anesthésie locale, un dilatateur pour la trachéotomie, etc., etc.

Dans une salle spéciale sont réunis de nombreux appareils pour l'hydrothérapie, les bains et les douches. Il faut constater l'importance chaque jour plus grande que prend l'emploi de l'eau non-seulement en thérapeutique, mais encore dans l'hygiène, ainsi que son heureuse influence sur la santé publique.

Un appareil pour les bains de vapeur à domicile, permettant au malade de les prendre sans sortir deson lit.

Un gymnase de chambre complet; enfin, des baignoires vastes et confortables.

Des préparations anatomiques et botaniques d'une perfection remarquable.

Certaines vitrines voilées renfermant des préparations reproduisant les désordres causées par les maladies: maladies de la peau, des yeux, certaines difformités, etc.

L'exposition des bandages est également fort intéresressante et même fort élégante, si ce mot est ici en son lieu. A voir beaucoup de ces inventions dissimulées sous des tissus de luxe, on se croirait sans contredit dans le groupe du vêtement.

Les appareils orthopédiques sont nombreux, et à côté figurent les appareils destinés à suppléer aux membres absents ; entre autres, le bras artificiel construit pour Roger, l'éminent chanteur.

Les dentiers artificiels, les appareils de prothèse dendaire sont également nombreux, ainsi que les yeux artificiels. La nature est là, pour ainsi dire, prise sur le fait.

GROUPE III

——

MOBILIER

(Classes 14 à 25).

————

La troisième galerie est celle du groupe III (mobilier), et comprend tous les objets de luxe et de confort qui peuvent figurer dans l'intérieur d'une maison. Nous appelons spécialement l'attention des visiteurs sur cette partie de l'Exposition qui représente, avec un éclat extraordinaire, une des branches les plus développées de la production française.

Après avoir admiré les deux vitrines placées dans le grand vestibule, nous entrons dans les classes 14 et 15, comprenant les meubles de luxe et les ouvrages de tapissier et de décorateur, depuis les buffets, bois de lit, siéges, etc., jusqu'aux ornements et décors pour les services religieux. Ces deux classes, qu'il est impossible de séparer dans la pratique, occupent à droite toute la section comprise entre le grand vestibule et la rue d'Alsace; à gauche, elles se prolongent jusqu'à la rue de Flandre, étalant successivement sous les yeux les spécimens les plus remarquables.

Classes 18 et 19.

Les classes 18 et 19 embrassant, l'une les tapis et tapisseries, l'autre les papiers peints, sont exposées sur diverses cloisons, et forment un ensemble véritablement splendide. On a réuni, dans une des salles de la classe 17, les produits de la manufacture de Sèvres à ceux des Gobelins, de façon à rapprocher les chefs-d'œuvre des manufactures impériales. La classe 18 a, en outre, une vitrine spéciale au coin de la rue d'Alsace.

Classe 22.

La classe 22, bronzes d'art, métaux durcis et ouvrages en métaux repoussés, commence après cette dernière vitrine et se prolonge jusqu'à la rue de Paris. Elle comprend un grand nombre d'objets les plus remarquables, depuis ceux qui atteignent dans le commerce la valeur la plus élevée jusqu'aux produits à la portée de toutes les bourses.

Classe 16.

A partir de la rue de Flandre, à droite, se trouvent dans deux salles la classe 16, comprenant les cristaux, les verreries de luxe et les vitraux. Il est impossible de ne pas admirer l'aspect merveilleux qui résulte de l'entre-croisement des rayons que se renvoient les prismes, aussi fragiles que délicatement travaillés. Les manufactures de Cirey et de Saint-Gobain ont envoyé de magnifiques échantillons qui sont exposés dans la rue de Paris (Saint-Gobain et Cirey), et sous l'entrée du grand vestibule (Saint-Gobain).

Classe 17.

A droite de la galerie, après avoir traversé la rue de Paris, se trouve la classe 17 (porcelaines, faïences et autres poteries de luxe. La première salle renferme l'exposition des manufactures de Sèvres et des Gobelins. Nous la recommandons d'une façon toute spéciale à l'attention des visiteurs. Quelque idée grandiose qu'ils s'en fassent d'avance, la réalité surpassera l'idéal.

La classe 21 (orfévrerie) fait face aux porcelaines et forme leur digne pendant. L'orfévrerie religieuse, qui est spécialement exposée dans l'église du Parc, est moins représentée dans cette partie du Palais qu'on ne le penserait en voyant quelle proportion elle occupe dans les secteurs étrangers. Quant à l'orfévrerie de décoration et de table, elle est digne des grands fabricants qui la représentent au Champ de Mars. *Classe 21.*

Après la rue de Lorraine, à gauche, se trouve la classe 26 (maroquinerie, tabletterie, vannerie), qui peut être regardée comme le spécimen le plus vrai de l'article dit de Paris. Elle contient les articles de haute fantaisie d'un usage journalier pour tout le monde, les peignes, les brosses de luxe. Viennent après la maroquinnerie et la tabletterie, comprenant des carnets, porte-cartes, cigares et cigarettes, trousses et albums de toutes sortes, puis des pipes en écume et ambre d'une très-jolie fabrication. *Classe 26.*

Les petits meubles, nécessaires, caves à liqueurs y sont bien représentés pour satisfaire tous les goûts; on y voit les mêmes articles en laque avec incrustation de nacre et chinoiseries.

Enfin, on remarque dans cette classe les petits bronze-émaux qui sont si recherchés pour orner les étagères, enfin des objets tressés d'un travail très-fin et très-varié.

Classe 24. — Dans la classe 24 (appareils et procédés de chauffage et d'éclairage), on remarque divers spécimens de cheminées, de poêles, de foyers et de calorifères, des objets et accessoires du chauffage des fourneaux, des appareils pour le chauffage au gaz. On y trouve également des appareils de chauffage par circulation d'eau chaude et d'air chaud, des appareils de ventilation, des lampes d'émailleur, des forges portatives, des lampes photo-électriques, des appareils pour l'éclairage au moyen du magnésium. L'Angleterre rivalise sur ce point avec la France et nous recommandons l'examen de ses procédés de la classe 24.

Classe 23. — Après la rue de Provence et à gauche, se trouve la classe 23; elle comprend l'horlogerie : on y voit des pièces détachées d'horlogerie, des pendules, des montres, des chronomètres régulateurs, des compteurs à secondes, des appareils pour la mesure du temps, des sabliers et des horloges électriques.

Classe 20. — La classe 20 se trouve un peu avant la rue de Provence; elle est consacrée à l'exposition de la coutellerie. On y remarque un grand nombre de couteaux, de canifs, de ciseaux, de rasoirs et divers spécimens de produits de la coutellerie. Tous ces objets sont disposés en trophées de la manière la plus pittoresque, et peuvent lutter avec ce que l'industrie étrangère offre de parfait.

Classe 25. — La parfumerie est exposée dans la classe 25, qui se trouve dans la galerie III, après la rue de Provence. Dans des vitrines parfaitement décorées , on voit des cosmétiques et pommades, des huiles parfumées, des essences parfumées, des extraits et eaux de senteur, des vinaigres aromatisés, des pâtes d'amandes, des poudres, des pastilles et sachets parfumés, des parfums à brûler et des savons de toilette.

———

GROUPE IV

VÊTEMENT ET OBJETS PORTÉS PAR LA PERSONNE

(Classes 27 à 39).

La quatrième galerie comprend le Vêtement et les objets portés par la personne. Les premières vitrines sont consacrées aux modes et confections (classe 35). Nous arrivons ensuite à la classe 28 (fils et tissus de laine et de chanvre). Ici nous nous trouvons en présence de magnifiques échantillons d'une industrie pour laquelle la vieille France était renommée, et les spécimens que nous avons sous les yeux prouvent que nos manufactures actuelles n'ont aucunement déchu.

Nous passons devant la classe 27 (fils et tissus de coton), comprenant un grand nombre d'articles divers qui peuvent rivaliser avec ce que l'Angleterre et l'Amérique produisent de mieux. La classe 27 se prolonge au delà de la rue d'Alsace, et occupe à peu près le sixième de la section française consacrée au Vêtement.

Classe 30. La classe 30 lui succède; elle comprend les fils et tissus de laine cardée, les draps, couvertures, feutres, flanelles, molletons, etc., et se prolonge à droite au delà de la rue de Normandie, pour faire place des deux côtés à la classe

Classe 29. 29 (fils et tissus de laine peignée) où se trouvent, outre les laines et fils de laine peignés, des mousselines, cachemires d'Ecosse, mérinos, rubans et galons, etc.

Classe 31. Après la rue de Flandre, on rencontre la classe 31 (soies et tissus de soie), c'est-à-dire une des plus belles parties de l'Exposition française; une des parties qui défient absolument la concurrence étrangère et qui attirent chaque jour un nombre croissant de visiteurs. Les échantillons de soie grége qu'on trouve à droite de la galerie méritent une attention des plus sérieuses.

Classe 37. Nous traversons la rue de Paris, et nous trouvons du côté gauche la classe 37 (armes portatives) comprenant, outre de magnifique pièces d'armure, de fabrication moderne, des armes blanches, des armes à feu, des projectiles, etc., des accessoires d'arquebuserie et quelques curieux spécimens d'armes à jet.

Classe 36. En face se trouve la joaillerie et la bijouterie (classe 36) qui occupent à l'Exposition une place moins étendue que son importance commerciale ne lui assignait. Pourtant elle compense le petit nombre des objets par la beauté intrinsèque de chacun d'eux. Ce qui attire le plus le regard du visiteur, ce sont, par un contraste qui s'explique facilement, de magnifiques joyaux enrichis de pierres précieuses et les bijoux en doublé et en faux, qui rivalisent d'apparence avec les merveilles de valeur plus sérieuse exposées en regard.

Vient ensuite la classe 35 (habillement des deux sexes), Classe 35. qui a une annexe après la rue de Provence ; elle occupe deux salles, qui comprennent : la première, les fleurs et les plumes, la seconde, les coiffures.

En face de ces deux salles, de l'autre côté de la galerie Classe 33. du vêtement, se trouve la classe 33, divisée également en deux salles. La première comprenant des tulles et des dentelles d'une richesse hors ligne, la seconde des passementeries et des broderies.

En avançant toujours dans la 4e galerie, nous nous Classe 34. trouvons en face de la classe 34, articles de bonneterie et de lingerie, objets accessoires du vêtement. Les châles, qui ont deux annexes dans le Parc, occupent à droite un emplacement spécial ; à gauche se trouvent un grand nombre d'articles qui, pour occuper un rôle plus humble dans la toilette, n'en méritent pas moins une attention détaillée et soutenue.

En arrivant à la rue de Provence, nous rencontrons Classe 39. une petite salle qui nous permet de constater qu'à tout âge il y a des enfants. C'est la classe 39 (bimbeloterie). On y voit des jouets charmants, qui touchent à l'art d'un côté, à la mécanique de l'autre. Nous n'avons pas besoin de dire que la foule s'y entasse et en sort émerveillée.

Classe 35.
Après avoir traversé la rue de Provence, nous nous trouvons en face de deux annexes de la classe 35, séparées par une annexe de la classe 42 qui appartient au groupe suivant. La première des annexes de la classe 35 contient les chaussures, la seconde, ce qu'on est convenu d'appeler des postiches, c'est-à-dire tout ce qui se rattache aux procédés de nature à dissimuler la calvitie.

Classe 42.
L'annexe de la classe 42 (produits de la chasse), qui, logiquement, rentre dans le groupe V, comprend les fourrures. On a dû, et avec raison, placer à côté des autres parties du vêtement des articles qui en font essentiellement partie.

Classe 38.
A droite de la galerie, et en face, se trouve la classe 38 (objets de voyage et de campement). Les objets les plus divers, depuis la valise jusqu'au parasol, depuis les instruments astronomiques jusqu'au lit militaire, sont rassemblés dans cette salle, qui, au moins sous le rapport de la variété, doit intéresser les visiteurs.

GROUPE V

—

PRODUITS BRUTS ET OUVRÉS
DES INDUSTRIES EXTRACTIVES

(Classes 40 à 46).

La 5e galerie est celle des industries extractives et des matières premières. La salle qui se présente d'abord à nous est celle de la classe 41 (exploitation des industries forestières), comprenant des échantillons de toutes les sortes de bois qui croissent sur le sol de la France, des instruments, des appareils, des modèles de construction, des types en relief de certaines contrées forestières, des échantillons divers se rattachant à l'exploitation des bois, enfin des spécimens de saboterie, de vannerie, etc.

Cette exposition est des plus intéressantes sans contredit. Toutefois nous sommes obligés de signaler au public des échantillons des colonies françaises de l'Amérique, et les spécimens de l'exploitation des domaines de la Couronne autrichienne.

Au sortir de la classe 41, nous entrons dans la classe 43, Classe 43.

produits agricoles (non alimentaires), de facile conservation, comprenant surtout des matières textiles, des plantes oléagineuses, des huiles, cires, résines; une belle exposition de tabacs indigènes, etc.

Classes 46 et 45. — Après la classe 43, nous trouvons une salle consacrée surtout aux cuirs (classe 46); puis une élégante galerie où se trouvent exposés les spécimens de procédés chimiques de blanchiment, de teinture, d'impression et d'apprêt. L'éclat des étoffes et l'élégance de la décoration contribuent à rassembler beaucoup de monde sur ce point du Palais.

Classe 44. — La classe 44 comprend les produits chimiques et pharmaceutiques et occupe un très-vaste espace. Les substances tinctoriales surtout attirent l'œil par la vivacité et la délicatesse des couleurs. Les sels, les alcalis, les acides méritent un examen sérieux des hommes spéciaux. Plus loin, les applications du caoutchouc surprennent le visiteur par leur multiplicité. Enfin les eaux minérales, les médicaments simples ou composés réclament l'attention du médecin et du pharmacien.

Classe 40. — La classe 40, qui vient après, comprend l'exploitation des mines de la métallurgie. L'emplacement qui lui est attribué commence à la rue de Flandre et finit un peu avant la rue de Provence. Comme développement cette classe est donc une des plus considérables de l'Exposition. En y entrant, nous sommes en présence d'une collection remarquable de statues métalliques; viennent ensuite, des sels, des produits chimiques de provenance minière, des plombs, des minerais de plomb argentifère, un lingot d'argent d'une valeur de 135,000 fr.; des kaolins, des minerais de fer, des échantillons de cuivre, plus loin, des feuilles d'or battu, des fils métalliques, des objets fabriqués, tels que plaques, gouttières, etc.

En traversant la rue de Paris, nous remarquons un plan en relief d'une mine d'émeraudes représentant la position qu'affectent en général ces pierres précieuses. Nous entrons ensuite dans la salle où sont exposés les aciers, fontes, tôles, etc., ouvrés ou non ouvrés. Signalons un magnifique trophée de faux ; des roues en fer pour railways, des ressorts et bandages pour wagons, des trophées d'outils de mineur, des bronzes ; un trophée de lames d'acier et de puissantes scies pour la mécanique.

L'Amérique, l'Angleterre, la Russie et la Prusse, ont également une très-riche exposition de la classe 40. Nous renvoyons pour nos indications à la partie du *Guide* consacrée à chacune de ces puissances.

En sortant de la classe 40, nous entrons dans la classe 41, affectée aux produits de la chasse, de la pêche et de la cueillette. Cette salle offre peu d'étendue et n'intéresse qu'un public relativement restreint. Nous y remarquons une belle collection d'éponges, des échantillons de poils, des animaux préparés et empaillés, enfin un herbier de mousses.

Dans la classe 46 sont exposés les cuirs et les peaux : on y remarque des matières premières employées dans la préparation des peaux et des cuirs, les diverses préparations de peaux vertes, salées, etc., une exposition de cuirs tannés, corroyés, teints, etc., des maroquins, des peaux pour la ganterie, des parchemins, etc. La plupart de ces peaux rivalisent pour l'éclat de la couleur avec les plus belles étoffes; d'autres se font remarquer par l'épaisseur et la beauté du grain. On ne se douterait jamais, avant d'entrer dans cette classe, que le cuir peut être aussi élégant que la soie.

GROUPE VI

INSTRUMENTS ET PROCÉDÉS DES ARTS USUELS

(Classes 47 à 66).

En entrant dans la grande galerie du Travail, nous trou- Classes 55 et 56. vons à gauche et à droite les classes 55 et 56. Elles comprennent le matériel et les procédés du tissage.

Nous les réunirons dans une même notice, parce que, dans la pratique, elles présentent trop de points communs pour que le visiteur ordinaire ne puisse trouver avantage à les embrasser d'un même coup d'œil.

Comme on le pense bien, les métiers jouent le rôle le plus important dans cette partie de l'Exposition. La plupart fonctionnent à certaines heures sous les yeux du public. Viennent ensuite les appareils pour la préparation des fils et l'apprêt des étoffes, tels que calandres, presses, tordeuses, foulons, etc. Citons enfin des plans de filatures et de couleries, et des échantillons divers disposés en trophée, entre autres des câbles magnifiques. Dans le Parc, dans le quart français, on trouve une annexe de la classe 55 que nous signalerons en son lieu.

Les nations dont l'exposition des procédés de filage et de tissage doit être spécialement comparée à celle de la France, sont l'Angleterre, l'Amérique et la Suisse.

Classe 49. — A droite, contre la muraille, se voit l'exposition de la classe 49, comprenant les engins, instruments de pêche, de chasse et des cueillettes, c'est-à-dire de tous les appareils autres que les armes à feu destinés à la chasse du gibier ou à la récolte des produits naturels. Signalons surtout les filets, les lignes, les hameçons, les appeaux, etc.

Classe 59. — La classe 59 est spécialement affectée à la papeterie et aux impressions. Elle comprend donc deux grandes industries distinctes : l'impression des tissus et des papiers peints et celle des livres, journaux et gravures. On y remarque une machine à plier, plusieurs machines à impression dont l'une qui produit 12,000 exemplaires à l'heure, une presse typolithographique ; des machines à imprimer sur les étoffes dont une pour imprimer à six couleurs, une machine à fabriquer les tickets, billets de chemin de fer ; une machine à imprimer les cahiers d'écriture, et une dernière à dorer les cartes à jouer.

Du côté gauche, accrochés à la muraille, on voit les portraits en gravure de l'Empereur et de l'Impératrice, des gravures à l'encre d'imprimerie. La machine à fabriquer les cartes de visite à la minute de G. Leboyer ; les presses typographiques de Paul Dupont ; l'exposition des feutres pour papeterie et une collection de tampons chimiques pour timbres humides. De l'autre côté, également contre la muraille, des tissus métalliques, des gravures en dentelle, des feutres circulaires pour machines à papier, des gravures sur rouleaux, une exposition d'électrotypie sur des clichés en cuivre, des feuilles de timbres-poste sur papier continu.

Dans le Parc se trouvent des annexes de la classe 59. Ces hangars sont circonscrits par le grand boulevard, et les allées de Guyenne et de Languedoc.

La classe 54 comprend le matériel des arts chimiques Classe 54. de la pharmacie et de la tannerie. On y voit des soufflets de forge portative, des machines à fabriquer la chandelle, des turbines centrifuges pour teintureries, raffineries, blanchisseries, etc. ; un appareil pour le crèmage, le blanchiment, un très-grand séchoir mécanique ; puis vient l'exposition de la Compagnie parisienne d'éclairage et de chauffage par le gaz. Ce qu'il y a de très-remarquable dans cette classe, c'est l'exposition en miniature de la manufacture des tabacs, celle des produits réfractaires ; plus loin, le matériel et construction d'usines à gaz, ensuite l'exposition de l'établissement thermal de Vichy et l'organisation générale des blanchisserie, lavoirs et bains.

Du côté droit, contre la muraille, un condensateur à sublimé, et l'exposition d'hydroplastie, puis une collection d'appareils de chimie.

Du côté gauche, toujours contre la muraille, un grand appareil en platine pour la concentration de l'acide sulfulique ; une très-jolie collection de creusets en platine, des tubes de platine sans soudure, une petite colonne en magnésium distillé, une bouteille d'une seule pièce en platine, des pointes pour paratonnerre, un appareil pour la décomposition des matières grasses, des appareils pour laboratoires de chimie et de pharmacie.

Classe 50.

La classe 50 se compose des industries agricoles et alimentaires : il s'y trouve un grand appareil en cuivre pour la rectification des alcools, plusieurs machines à bonbons pour chocolatiers, confiseurs, des mélangeurs, un triturateur et des machines à broyer le chocolat. Sur la muraille sont des tableaux représentant la distillation des matières résineuses, des plans de ferme, des vitrines contenant des appareils à café et à eau de Seltz, des moules à gâteaux, à fromages glacés, des glacières à bascule.

Sur le côté droit, la magnifique exposition de l'usine Cail et Cie, avec un tableau représentant les récompenses accordées pour les produits de cette fabrique.

Puis des tableaux représentant des moulins à vent et des plans de manutention; contre la muraille, une exposition de produits en chanvre et en crin; un peu plus loin, une fontaine à bière à air comprimé; des articles de caves, moulins et brûloirs pour café.

Classe 48.

Dans la classe 48 est contenu le matériel rural et forestier. On y trouve de nombreuses charrues, plusieurs coupe-racines de différentes espèces, un scarificateur à bascule, un appareil dit tarare de grange et de grenier, des cylindres à écraser les racines, un semoir à un cheval, une machine à épurer l'avoine, plusieurs locomotives routières.

Du côté gauche, sur la muraille, des tableaux représentant des plans de ferme, etc.; une très-jolie exposition en miniature de machines agricoles ; dans une vitrine, des instruments de jardinage.

De très-belles machines agricoles se trouvent à droite ; un peu plus loin, on voit un moulin, des instruments d'agriculture.

De ce côté et pendus à la muraille, des tableaux représentant l'exposition de la société d'endiguement ; dans une vitrine, des échantillons de phosphate de chaux fossile, des échantillons de minerai de divers gisements ; un appareil mécanique pour la tonte des chevaux, bœufs, ânes et mulets.

La classe 65 comprend le matériel et les procédés du Classe 65. génie civil des travaux publics et de l'architecture, c'est-à-dire les pierres, les bois, les métaux et les substances diverses employées dans la construction ; divers procédés pour la conservation des bois ; tous les objets qui se rattachent à l'aménagement des édifices, l'outillage nécessaire pour tous les travaux de la construction ou du terrassement, enfin les plans, modèles et dessins des travaux publics.

On remarque particulièrement dans la classe 65, outre les matières premières et les procédés excessivement intéressants pour les hommes spéciaux des plans excessivement curieux pour le public en général. Le ministère des travaux publics a envoyé une très-riche collection, dans laquelle se trouve le tracé des embellissements de Paris depuis 1850, les plans des conduites d'eau et des égouts de la ville de Paris. Nous citerons encore des modèles de halles, de ponts, de phares, etc. Contre les murailles, du côté opposé à l'exposition des travaux publics, sont des échantillons de marquetterie, de simili-marbre, etc.

Les annexes de la classe 65 sont dans le quart français du Parc, le phare des Roches-Douvres, deux hangars situés le long de l'avenue de Labourdonnaye avant le portique ; deux chalets situés, l'un dans l'allée, l'autre dans l'avenue de Bourgogne, au coin de l'allée du Maine ; le pavillon des bois, découpés dans l'allée de Franche-Comté ; une exposition de bétons agglomérés près du quai d'Orsay, en face du phare.

Dans le quart anglais, dans l'allée du Maroc, à côté de la salle des conférences, se trouve un troisième hangar consacré à la classe 65. Enfin, au coin de la grande avenue, près du Cercle international, est le pavillon des phares.

Classe 64. L'exposition télégraphique se fait remarquer par tous les appareils actuellement en usage, et ceux qui n'ont pu encore être adoptés par suite des difficultés qu'ils présentent dans leur application.

Parmi ceux en service aujourd'hui, on distingue : le *Morse* avec les diverses modifications qu'on lui a fait subir;

Le *Hughes*, remarquable par son admirable mécanisme, et en usage sur presque toutes les grandes lignes de l'Europe;

Le *Caselli*, appareil autographique qui fonctionne entre Paris, Lyon et Marseille;

Les appareils *Lenoir* et *Meyer*, également autographiques, mais qui n'ont pu encore être adoptés;

L'appareil à cadran, dont on se sert sur toutes les lignes des chemins de fer,

Le *Darlincour*, également en usage dans quelques stations de l'Etat.

On remarque encore tous les différents systèmes de sonneries électriques qui ont paru jusqu'à ce jour;

Un spécimen d'établissement de lignes aériennes et souterraines, et enfin une carte du réseau télégraphique de l'Empire français.

La classe 66 est située immédiatement après la classe Classe 66. 64. A l'origine elle comprenait, outre le matériel de la navigation et du sauvetage, les embarcations de plaisance; mais le développement que prend chaque jour le sport nautique a nécessité la création de la classe 66 *bis*, affectée à la navigation de plaisance, et qui est installée sur la berge. On remarque tout d'abord, dans la classe 66, les charmants modèles représentant les types les plus achevés de nos bâtiments de guerre. Les transformations subies par les flottes rendent cette partie de l'Exposition excessivement curieuse. Nous mentionnerons ensuite les coupes indiquant les aménagements intérieurs, des apparaux perfectionnés, des procédés de conservation de blindage, des câbles et des chaînes appliqués contre les murailles; enfin, un canon porte-amarres, qui paraît appelé à rendre de grands services et qui complète heureusement les appareils de sauvetage exposés dans la classe.

On comprend l'importance très-grande que présente l'étude comparée de cette classe dans les sections françaises et étrangères.

Classe 63. La classe 63 comprend le matériel des chemins de fer. et, comme on le pense bien, elle occupe dans l'Exposition une grande place non-seulement dans la grande galerie du Travail, mais encore dans les annexes du Parc.

Les appareils les plus multipliés sont réunis dans ce secteur, tels que les locomotives, les tenders, les wagons, les systèmes de frein, de signaux. Les ponts à bascule, les grues de déchargement, etc., etc., rentrent dans la classe 63.

Dans la grande galerie du Travail, on remarque surtout les locomotives. L'une d'elles, nommée *le Titan*, étonne par ses dimensions prodigieuses; des wagons à impériale couverte méritent également d'être mentionnés.

Les annexes de la classe 63 sont : dans le Parc, le long du boulevard du Nord, un hangar couvert et un espace à ciel ouvert; plus bas, près de la porte de l'Université, la remarquable exposition du Creusot.

Classe 47. Immédiatement après la rue de Paris se trouve la classe 47, où l'on voit les appareils et l'intallation de la quatrième fosse de Béthune ; au milieu de la galerie, un plan en relief des mines de la Grand'Combe, des spécimens de martinets-pilons, des appareils pour l'extraction de la houille, des réductions d'usine. On remarque, accrochés à la muraille, des plans de machines, un plan de la machine d'extraction des mines d'Anzin, divers appareils et plans, l'exposition des cartes et plans du ministère des travaux publics; de l'autre côté, un trophée d'instruments de mineurs, des modèles d'habitation et des échantillons de minéralogie.

La classe 61 se trouve à droite et à gauche de la rue de Lorraine : elle comprend les pièces détachées du charronnage et de la carrosserie, des systèmes d'attelage, de frein, etc.; enfin, les produits spéciaux du charronnage et de la carrosserie. Une annexe de cette classe est établie dans le Parc, en face du pavillon du commissariat général, entre les allées de Hollande et d'Algérie. *Classes 61 et 62.*

Un grand nombre de spécimens très-intéressants de l'art du carrossier, du charron, du bourrelier et du sellier se trouvent dans cette partie de l'Exposition. Les fabricants français ont soutenu dignement leur réputation européenne. Nous signalons notamment des voitures de gala et des voitures légères. Le long des murailles, des deux côtés, se trouvent les produits de la bourrelerie et de la sellerie ; nous signalons parmi ces derniers, entre autres objets intéressants, un nouveau système de harnachement militaire qui mérite d'être étudié.

Il est intéressant de comparer les objets des classes 61 et 62 avec les produits similaires des autres nations. Les pays étrangers qui concourent le plus dignement avec la France sous ce rapport sont : l'Angleterre et la Belgique.

La mécanique générale se trouve dans la classe 53. Elle *Classe 53.*

est à côté de la rue de Lorraine; on y remarque des pompes à incendie des sapeurs-pompiers de Paris, une énorme chaudière à vapeur semi-tubulaire, avec des bouilleurs en tôle d'acier fondu. Une machine à pression d'eau, une machine à vapeur horizontale pouvant fonctionner avec ou sans condensation, des machines à vapeur fixes et locomobiles, des chaudières soudées, d'autres sans rivures, sont les pièces les plus importantes de cette classe. Les écoles impériales d'arts et métiers d'Aix, d'Angers et de Châlons y ont installé de très-belles machines à vapeur. On y remarque des machines à essayer les fils, des compteurs à eau automoteurs, une machine à essayer les métaux, une presse stérhydraulique à cordes. Dans des vitrines, on trouve une très-belle exposition de balances, des instruments de pesage; à côté des grandes machines à vapeur, un aspirateur centrifuge pour séchoirs, buanderies, etc., des flotteurs indicateurs magnétiques du niveau de l'eau dans les chaudières à vapeur, d'autres flotteurs plus simples et des robinets pour vapeur.

Contre la muraille, à gauche, on remarque des compteurs à gaz, des contrôleurs automatiques du gaz, des compteurs à eau, divers accessoires pour incendie et arrosement ; une très-belle exposition de cuirs et courroies pour machines et filatures, de tuyaux, de toile, etc., etc.

A droite, contre la muraille, des cuirs tannés; plus loin, dans des vitrines, des manomètres, des robinets ; accrochés à la muraille, des dessins de machines à vapeur; dans une vitrine, des machines à vapeur en miniature, puis des régulateurs à l'usage des consommateurs de gaz, des appareils de graissage distribuant l'huile par la pression de la vapeur; puis enfin, une exposition de crics.

La classe 54 comprend les machines et les outils. On y Classe 54 remarque une grande machine à poinçonner et à tirailler, une machine à tarauder, un étau limeur, une machine à clous et à rivets, un balancier et mouton à moteur, une machine à roder et à fileter les vis, plusieurs machines à fraiser, une belle machine très-compliquée pour rayer les canons, une autre à percer les canons de fusil en acier fondu. Entre les deux côtés, un très-gros marteau-pilon, une machine à mortaiser, une autre à percer, un tour à charioter et à fileter, un tour servant à tourner les pièces d'artillerie, pesant 22,000 kilogrammes, une machine à scier les poutres, un ventilateur soufflant de la Compagnie des chantiers et ateliers de l'Océan, et une machine à percer, se font remarquer par l'habileté avec laquelle elles ont été fabriquées.

Contre la muraille, dans une vitrine, des outils pour menuisiers, d'autres pour serruriers dans des vitrines différentes, puis des tableaux représentant des coupes de machines, une très-belle exposition de scies circulaires et autres.

Du côté gauche, toujours sur la muraille et dans des vitrines, des meules artificielles en émeri, par terre, des machines à boucher les bouteilles, une exposition de limes, des toiles et papiers à polir.

Dans la classe 58 se trouve la confection du mobilier. Classe 58. C'est une des classes les plus intéressantes : on y trouve

4*

une très-belle machine servant à sculpter le bois et que
l'on voit fonctionner, un très-beau spécimen de découpage
appliqué à la décoration, une machine à reproduire les
gravures sur tous métaux et autres matières, et une scie
mécanique à main.

Dans une vitrine, contre la muraille, une très-belle **ex**-
position de scieries, machines et outils à travailler le
bois.

Des machines et procédés divers se trouvent dans la
classe 58. Il s'y trouve une très-belle machine à projectiles, des machines à boucher des bouteilles et les conserves, des porte-fûts, une très-intéressante machine à
sculpter les manches de parapluie, d'ombrelle et de canne.
Contre la muraille, et dans une vitrine, des machines,
instruments et procédés usités dans divers travaux.

Classe 57.   La classe 57 comprend la confection du vêtement. On
y remarque une machine à fabriquer les enveloppes, une
machine nouvelle à fabriquer les dragées, plusieurs machines à fabriquer les chapeaux de feutre, une fouleuse
de feutre, une grande quantité de diverses espèces de
machines à coudre; dans cette classe, l'on voit également
confectionner les chaussures à vis, des machines à fabriquer les fonds de chapeaux, des mécaniques et emporte-
pièces pour couper les gants, une pierre à découper.

Sur la muraille de la classe 57, du côté gauche, l'on remarque de très-beaux rideaux brodés à la machine, des
spécimens de travaux exécutés par la machine à coudre,
et une très-belle vitrine dans laquelle se trouve une superbe couronne de fleurs artificielles.

Après avoir décrit la grande galerie du Travail, nous Classe 52. croyons devoir rendre compte des procédés mécaniques qui ont été appliqués au service de l'Exposition, c'est-à-dire de la classe 52, qui offre tant d'intérèt sous tous les rapports.

Les visiteurs pouvant difficilement se rendre compte des progrès réalisés par une machine, souvent même de l'usage auquel cette machine est destinée, si elle reste immobile, la Commission impériale a décidé que la force motrice nécessaire à la mise en marche des appareils exposés serait fournie gratuitement à ceux des exposants qui en feraient la demande en temps utile, mais, au lieu de faire construire directement une grande machine motrice destinée à donner le mouvement à tous les appareils exposés, créer un grand nombre de centres de production de force, dont l'installation et l'organisation seraient confiées à des constructeurs de tous les pays, qui recevraient à cet égard le titre d'exposants.

On transformait ainsi en un objet d'étude et de concours une installation qui n'avait été jusqu'à ce jour qu'une affaire d'administration intérieure. Cette combinaison avait d'ailleurs l'avantage de distribuer la vie et le mouvement dans toute l'étendue de la galerie, de diminuer les difficultés des transmissions polygonales, enfin de permettre l'arrêt d'une partie des machines en mouvement sans modifier la marche de l'ensemble des appareils exposés.

La Commission impériale a, en conséquence, organisé le service mécanique sur les bases suivantes :

1° La galerie des machines a été divisée en quinze lots

correspondant aux besoins des diverses nations, ou des diverses classes d'une même nation, savoir :

```
France................ huit lots pour une force totale de 305 chevaux.
Belgique.............. un lot.................id............  40   —
Confédération du Nord
  de l'Allemagne ...... id..................id............  35   —
États du Sud de l'Alle-
  magne............... id...................id............  15   —
Autriche.............. id...................id............  20   —
Suisse................ id...................id............  17   —
États-Unis............ id...................id............  50   —
Angleterre............ id...................id............ 100   —

        Totaux........ 15............................ 582 chevaux.
```

2° Les bâtiments destinés aux générateurs ont été placés dans le Parc, à une distance d'environ 30 mètres du Palais ; la hauteur des cheminées a été fixée à 30 mètres. Toutefois, pour ne pas multiplier ces constructions du Parc, le Comité de la classe 52 a autorisé la réunion de plusieurs chaudières dans un même bâtiment, et les quinze lots n'ont exigé ainsi que la construction de neuf cheminées.

3° La Commission impériale a enfin décidé que le mode de transmission de l'action du moteur aux appareils exposés serait une transmission aérienne, se prêtant beaucoup mieux qu'une transmission souterraine à la répartition du mouvement entre des appareils dont le nombre, la vitesse, la résistance, l'orientation étaient peu connus à l'époque où le projet de la distribution de la force motrice devait être arrêté dans son ensemble et même dans ses principaux détails.

La transmission aérienne se liait en outre d'une façon intime à l'établissement d'une plate-forme élevée, faisant le tour de la galerie, dont elle occupe l'axe, et donnant au public la faculté de circuler au-dessus des machines en mouvement, et d'embrasser d'un coup d'œil le spectacle de cette activité mécanique.

Cette transmission se compose de deux arbres parallèles espacés entre eux de 4^m71 et supportés à 4^m36 au-dessus du sol sur les colonnes de la plate-forme, et, de part et d'autre de cette plate-forme. Ces arbres ont en moyenne 0^m09 de diamètre et tournent à raison de 100 tours par minute. Ils sont disposés de façon à former un polygone dont les côtés rectilignes ont une longueur de 14 mètres environ, et dont les sommets répondent aux divisions formées dans la galerie par les grands piliers en tôle qui constituent sa charpente. L'angle de 5 degrés, formé par deux arbres consécutifs, est racheté, soit par un joint de Cardan, soit par des engrenages, soit par tout autre mode au choix de l'entrepreneur. Les lots sont divisés de telle sorte, que le nombre maximum de joints qu'ils comprennent est de 3, et que le nombre moyen en est au plus de 2, ce qui diminue sensiblement les inconvénients de la forme circulaire du Palais. La longueur totale de cette transmission aérienne double est de 375 mètres, et occupe ainsi le tiers environ du développement de la galerie.

La transmission aérienne ne se prêtant pas aux exigences spéciales de quelques installations, des transmissions souterraines ont été construites sur une longueur de 60 mètres, divisée en trois portions d'environ 20 mètres chacune. Le développement total des arbres de couche généraux, tant apparents que souterrains, se trouve ainsi porté à 810 mètres.

Enfin, pour donner le mouvement à quelques appareils isolés au milieu de classes ne comprenant que des objets en repos, on a eu recours à l'emploi de l'air dilaté par la combustion du gaz, et on a installé sur divers points de la galerie plusieurs moteurs à gaz.

SERVICE HYDRAULIQUE.

Ce service a été institué sur les mêmes bases et d'après les mêmes principes que le service mécanique, et réparti, d'après la pression nécessaire, en deux étages, correspondant chacun à une distribution de 5,000 mètres, et à une canalisation distincte, mais pouvant, en cas de besoin, être mis en communication directe.

Le service haut comprend un réservoir de 4,000 mètres de capacité, établi au sommet du Trocadero en bordure de l'avenue Malakoff, à 32 mètres au-dessus du sol du Palais, et une usine hydraulique installée sur la berge de la Seine, immédiatement à l'aval du pont d'Iéna.

Le service bas doit être alimenté par les pompes de la grande machine marine d'Indret de 1,000 chevaux, mise en mouvement par ses propres chaudières dans le hangar construit sur la berge à l'amont du pont d'Iéna. Ces pompes peuvent refouler par heure jusqu'à 1,200 mètres cubes. Elles seraient suppléées, en cas de besoin, par celles de la Compagnie des Forges et Chantiers de l'Océan placées sous le même hangar.

Dans le cas où ces deux puissants engins viendraient à

s'arrêter simultanément, le service est assuré par une autre combinaison confiée à cinq entrepreneurs exposants, dont l'un puise directement les eaux dans la Seine pour alimenter la pièce d'eau du Parc, et dont les quatre autres aspirent dans ce bassin à niveau constant pour refouler les eaux dans la canalisation qui leur est affectée.

La pression sur les appareils des quatre derniers constructeurs est régularisée par un réservoir en tôle de 55 mètres de capacité, dont le niveau supérieur dépasse de 8 mètres celui du sol du Palais.

Le service haut alimentera l'arrosage du Parc, les fontaines monumentales, les bouches d'incendie, etc.; le service bas, les condenseurs, les générateurs, les cascades, les rivières, etc.

VENTILATION.

La Commission impériale a fait établir, sous le sol du Palais, un réseau de galeries rayonnantes et circulaires, qui sont destinées à permettre à l'air du dehors de se répandre dans l'intérieur de l'édifice pour y rafraîchir et y renouveler l'atmosphère échauffée et viciée par le séjour de nombreux visiteurs. Afin d'assurer plus complétement ce service, si essentiel au bien-être du public, la Commission a décidé que la ventilation naturelle serait aidée par une ventilation artificielle, produite au moyen de machines soufflantes.

Cette application est concentrée dans quatre groupes spéciaux répartis autour du Palais, exigeant une force totale d'environ 100 chevaux, et confiée à des entrepreneurs exposants, d'après les principes exposés pour le service mécanique. Ces quatre centres alimentent 16 jets, qui répondent à chacun des chemins rayonnants du Palais, et qui répandent par heure dans l'édifice, par les trappes surmontant les galeries souterraines, un volume de 700,000 mètres cubes d'air, de sorte que l'atmosphère intérieure se renouvelle complétement toutes les deux heures.

GROUPE VII

—

ALIMENTS ET BOISSONS

(Classes 67 à 73).

—

Le groupe VII est exposé dans la dernière galerie adossée au promenoir extérieur et comprend, dans la partie française, outre les restaurants et débits de boissons dont nous ne pouvons nous occuper ici, plusieurs salles affectées.

La première, **située** après la rue de Normandie, aux Classes 70 et 71 viandes et poissons, légumes et fruits.

La seconde, située après la rue de Lorraine, aux *con-* Classe 72 *diments* et *stimulants.*

La troisième, située après la classe 72, aux boissons Classe 73. fermentées.

Les céréales, produits farineux et boulangerie font Classes 67 et 68. suite à la précédente.

———

GROUPE X

OBJETS SPÉCIALEMENT EXPOSÉS EN VUE D'AMÉLIORER LA CONDITION PHYSIQUE ET MORALE DE LA POPULATION

(Classes 89 à 95).

En ce qui concerne le groupe X, nous avons dû nous écarter du système suivi pour la partie française et l'envisager comme un secteur spécial. En effet, le groupe X embrassant une multitude d'objets des plus variés, ayant tous un caractère marquant de bon marché ou d'utilité, en un mot, un caractère exclusivement populaire, doit être considéré comme ensemble, depuis les arts libéraux jusqu'au travail mécanique.

La classe 89, qui s'ouvre dans la rue de Provence et dans la galerie des Arts libéraux, représente le matériel et les méthodes de l'enseignement des enfants. Nous recommandons cette classe non-seulement aux instituteurs et aux hommes spéciaux, mais encore à tous les pères de famille, qui y puiseront les plus utiles indications pour remplir avec fruit la grave mission qui leur est imposée.

Classe 90.   La classe 90 lui fait face. Là nous trouvons le matériel et les méthodes de l'enseignement des adultes. L'exposition du Ministère de l'instruction publique l'occupe presque exclusivement et donne à cette salle un intérêt tout particulier. Au milieu se trouve la collection des documents qui ont servi à la rédaction de l'enquête du groupe X, cet ouvrage, à la fois si grave et si pratique, dû à la collaboration d'hommes éminents, tels que M. Conti, chef du cabinet de l'Empereur, M. Charles Robert, secrétaire général au Ministère de l'instruction publique, M. le vicomte Guyot-Montpayroux, secrétaire du groupe X, Donnat, chef de service à la Commission impériale, M. Ducuing, économiste.

Dans la galerie du mobilier et du vêtement se trouvent les classes 91, 92 et 94.

Classe 91.   La classe 91 est certainement une des plus importantes de l'Exposition : elle comprend les meubles, les ustensiles et les vêtements à bon marché. On y trouve réuni, avec des conditions de solidité et d'élégance qu'on chercherait vainement ailleurs, tout ce qui est nécessaire à la vie d'un ménage modeste, et cela, au prix le plus bas.

Classe 99.   La classe 94, située en avant de la classe 92, renferme

les produits fabriqués par les ouvriers chefs de métier.
On voit là des miracles de patience et d'habileté.

La classe 92, qui fait suite à la classe 94, renferme les Classe 92. costumes populaires des diverses contrées. Très-curieuse au point de vue pittoresque, elle frappe peut-être moins par son utilité que celles qui la procèdent ou la suivent.

Nous ne parlons pas ici de la classe 93 (habitations à bon marché), qui a son exposition dans le parc du groupe X.

La classe 95 est de beaucoup la plus intéressante. Classe 95. C'est là que le visiteur peut se rendre compte des nombreux progrès faits par l'industrie depuis quelques années et suivre pas à pas les diverses modifications apportées à la fabrication des produits. On y voit tailler des diamants, fabriquer des petits meubles, des nécessaires, etc., des instruments d'optique, des paniers, des porte-monnaie, porte-cigares et autres objets de tabletterie, des pipes en écume de mer, graver de forts jolis portraits et dessins sur cuivre. Entre les deux côtés on remarque une fabrique de peignes, l'atelier des ouvriers chapeliers, celui des chaussures vissées, des ouvriers fabriquant des chapeaux de paille, des cordons de montre ; un peu plus loin, d'autres sont occupés à faire des billes de billard, des ronds de serviette et autres objets en ivoire. On y voit également fabriquer des fleurs, des plumes, des bijoux en cheveux, tisser des plumes, sculpter des meubles, faire de la passementerie. Les ouvriers de l'imprimerie Paul Dupont fabriquent dans cette classe des caractères d'impression, et y composent.

Du côté gauche, contre la muraille et dans des vitrines, on trouve des instruments thermométriques, des instruments de précision pour les sciences et l'industrie, des fleurs en émail, des bouquets en cristal, des mosaïques. On y voit faire des broderies et des perles fines imitées; du côté droit, on remarque la fabrication des dentelles et des camées.

Classe 91. La classe 91 a une annexe sous le promenoir extérieur, où sont exposés les aliments à bon marché et où figurent quelques-unes des fabriques les plus importantes de France.

ALGÉRIE ET COLONIES FRANÇAISES.

Comme on le pense bien, les matières premières occupent la plus grande partie de cette exposition, qui prend place immédiatement après celle du groupe X. Les bois et les minerais, les graines, les laines et le mobilier pour l'Algérie, les matières alimentaires, les chanvres, les bois, les animaux empaillés, les instruments de musique, pour les autres colonies, tels sont les produits caractéristiques de ce secteur de l'Exposition, qui offre un coup d'œil trop pittoresque pour que nous puissions remplacer par une sèche nomenclature l'impression produite par une visite si rapide qu'elle soit dans ce secteur.

NATIONS ÉTRANGÈRES

La classification adoptée dans la partie française de l'Exposition universelle a dû être modifiée en quelques points de détail pour les secteurs étrangers. On comprend en effet que les industries des diverses nations sont représentées au Champ de Mars, surtout par leurs particularités les plus saillantes, et que beaucoup de produits mentionnés dans la nomenclature française font défaut dans les autres pays ; aussi avons-nous renoncé à multiplier les indications en marge en ce qui concerne les classes des nations étrangères, et nous sommes-nous contenté de mentionner celles qui méritent d'être comparées avec les produits similaires de la France. Nous continuons à examiner les secteurs dans le sens de la longueur et en suivant l'ordre dans lequel ils se trouvent rangés sur le plan officiel, c'est-à-dire en commençant par les Pays-Bas et en finissant par l'Angleterre.

PAYS-BAS.

L'histoire du travail est représentée dans cette section par un grand nombre de beaux meubles, des faïences, de figurines, un modèle de galère, des spécimens d'orfévrerie, des tapis, etc.

Dans la rue des Pays-Bas, à droite, se trouve l'exposition coloniale de Java, comprenant des échantillons très-riches et très-curieux.

Les beaux-arts sont exposés dans une annexe spéciale du Parc

La galerie des arts libéraux comprend de belles photographies de personnages en costumes du XVIIe siècle, des écrans, des laques incrustées des plus remarquables, des cartes géographiques, des boussoles, des clichés, des gravures et des reliures.

Dans la salle du mobilier, de beaux meubles en bois sculpté, des papiers peints, des écrans, des tapis, etc.
Les laines, les fils, etc., doivent être signalés.

On remarque dans la galerie des matières premières, des cuirs, des joncs, des osiers, des garances et des lins, des toiles de Hollande ; la préparation des matières d'éclairage, des produits chimiques et pharmaceutiques, des défenses d'éléphant, etc.; une grande vasque de sel ammoniaque se trouve également dans cette galerie.

Les arts usuels sont représentés par des modèles de navires et de gréements, des réductions d'embarcations malaises et enfin des voitures et des wagons.

Les aliments comprennent des sucres, des grains, des liqueurs, des pâtes et des conserves.

BELGIQUE.

L'exposition belge de l'histoire du travail se confond avec celle des Pays-Bas; nous renvoyons par conséquent le visiteur à la notice que nous avons consacrée à cette dernière nation.

Les beaux-arts sont exposés dans le Parc, dans un bâtiment spécial dont nous rendrons compte dans la partie de cet ouvrage consacrée au quart belge.

Dans la galerie des arts libéraux, nous remarquons en première ligne des spécimens de typographie et de reliure, des photographies retouchées, des instruments de musique, des cartes géographiques en très-petit nombre, mais fort soignées.

Le mobilier est représenté par des bois sculptés, de belles cheminées, des cristaux et des verres à vitre; des faïences peintes, de remarquables échantillons de coutellerie, d'orfévrerie, de maroquinerie et de tabletterie.

———

C'est surtout dans les tissus, le coton, le lin et le chanvre que se manifestent la vitalité de l'industrie belge. Un très-vaste espace leur est consacré, ainsi qu'aux tissus de laine qui méritent également un examen attentif. Les dentelles exposées dans cette partie du Palais attirent infailliblement les regards et se maintiennent à la hauteur de leur vieille réputation. Les armes portatives sont nombreuses, à bon marché et d'une excellente réputation.

———

Le Groupe V comprend surtout les fers ouvrés, les minerais, les produits chimiques, les charbons, les tabacs, le houblon, des lins et des chanvres. Des cuirs et des peaux sont représentés par de nombreux et estimables échantillons.

———

Dans la grande galerie du travail, Groupe VI, nous remarquons surtout les moteurs mécaniques, le matériel et les procédés d'exploitation des mines et de la métallurgie, le matériel des chemins de fer, des machines et appareils de mécanique générale, enfin les produits et les instruments employés par le génie civil.

Le Groupe VI a deux annexes dans le Parc : l'une dans le quart belge, l'autre dans l'avenue de l'Europe en face de l'avenue de Belgique ; cette dernière annexe renferme la carrosserie.

Dans la galerie des aliments, nous signalerons des graines, des conserves alimentaires, des liqueurs, etc.

PRUSSE ET ÉTATS DE L'ALLEMAGNE.

Nous avons groupé ensemble la Prusse et les différents Etats de l'Allemagne, afin de ne pas multiplier les divisions dans une partie de l'Exposition où les industries offrent souvent une grande similitude.

L'histoire du travail ne nous offre guère que des modèles d'architecture, une collection de modèles de charrues et des spécimens des âges de pierre et de bronze.

Les beaux-arts sont riches en bons tableaux et en statues estimables. Dans la salle prussienne, la peinture militaire semble prédominer, tandis que les peintures de genre sont plus nombreuses dans la section des petits Etats. La Bavière a une annexe spéciale dans le Parc.

Dans la galerie des arts libéraux, nous trouvons une grande quantité d'instruments de musique, notamment de pianos, de nombreux échantillons d'imprimerie, des gravures, des papiers, des crayons, des couleurs. La photographie semble fort cultivée en Allemagne, si nous en jugeons par les nombreux produits de cette industrie, que nous rencontrons dans le secteur prussien. Les sculptures sur ivoire de la Bavière, méritent d'être signalées. Les instruments de précision, les cartes géographiques, les instruments de chirurgie, sont représentés par des très-bons spécimens.

Les salles du mobilier renferment un grand nombre d'objets intéressants, parmi lesquels il faut citer des tapis, des horloges de la Forêt-Noire, la bimbeloterie de Berlin, les magnifiques porcelaines de Saxe, des lustres, des échantillons de tabletterie, etc. Nous recommendons particulièrement les faïences, poteries et porcelaines de cette section, qui se distinguent par des qualités éminentes.

Dans le groupe IV, nous trouvons surtout les lainages, tels que : draps, étoffes pelucheuses, flanelles, etc. La partie prussienne est, comme on le pense, très-riche en armes portatives. La parfumerie, et notamment les eaux de Cologne, occupent un très-vaste espace.

Le groupe V est certainement un des plus variés en produits. On y remarque les laines de Berlin, groupées de la façon la plus artistique, les cuirs, les tabacs. Les

roduits chimiques, au nombre desquels il faut signaler
n magnifique bloc de bleu d'outremer, envoyé par le
Vurtemberg, occupent une large place. Enfin, les métaux
ruts et ouvrés, les minerais, les charbons, excitent au
lus haut degré l'intérêt du visiteur, par leur abondance
leurs qualités hors ligne.

Les industries du groupe VI sont dignement représen-
es. On y remarque surtout des voitures, des locomo-
ves et le matériel des chemins de fer, des câbles et ap-
areils électriques, des métiers à tisser la laine, le coton
la soie, des machines à coudre, et, sur un espace spé-
al entre les deux escaliers, un lingot colossal d'acier
ndu pesant 40,000 kil., des **roues de wagon**, des res-
rts. Les produits de la guerre y sont représentés par
s pièces de canon en acier de toutes grandeurs et de
utes formes, depuis le canon de 6 jusqu'aux canons pe-
nt 12,000 et 50,000 kilos, lançant des projectiles de 150
de 550 kilos avec une charge de 20 kilos et 55 kilos
poudre, et coûtant, par coup tiré, 800 fr. pour le
non de 12 tonnes et 4,000 fr. pour celui de 50 tonnes.
canon avec son affût revient à 580,250 fr. Près de
llée qui sépare la Belgique de la Prusse, on voit des
oches énormes.

Les salles du groupe VII renferment certains produits
i ne rentrent pas tout à fait dans la classification. Après
confiserie, nous trouvons des crins pour brosses, des
stumes populaires, des échantillons forestiers, des hou-
ons, des vins, des laines, des tabacs, etc.

AUTRICHE.

Dans la section autrichienne nous remarquons, sous le promenoir intérieur, des reproductions galvano-plastiques et des gypses coulés.

Dans la galerie de l'histoire du travail, de magnifiques vases de cristal, des armes antiques de la collection royale de Vienne, des porcelaines, des miniatures, des armes et des antiquités magyares.

Les œuvres d'art, qui renferment plusieurs tableaux estimables, sont principalement représentées par des portraits et tableaux historiques et militaires.

Dans les arts libéraux, on trouve d'abord des pianos et des instruments de cuivre, des spécimens d'imprimerie, des photographies et des instruments d'optique; vient ensuite la magnifique collection des Instituts de statistique et de géologie.

Au milieu de la rue d'Autriche est un magnifique trophée de faïence hongroise appartenant au groupe III.

Ensuite viennent les cristaux de Bohême, qui continuent à se maintenir à la hauteur de leur vieille réputation, la maroquinerie, comprenant un grand nombre de charmants objets, et enfin une collection de pipes d'écume de mer aux formes élégantes et variées.

Nous passons au groupe IV, après avoir admiré un trophée composé d'objets d'orfévrerie. La bijouterie est surtout représentée par de très-jolies imitations, et notamment par des cailloux du Rhin. Le vêtement comprend surtout des foulards, des étoffes brochées, des gants, des chaussures, des corsets, des broderies, des toiles, des laines et des habits de confection à très-bon marché.

Dans la galerie des matières premières, nous rencontrons des collections géologiques, des charbons, des métaux ouvrés, des marbres, des minerais, des herbiers et des laines.

Les arts usuels sont représentés par des pièces de campagne, des pièces de montagne, des canons, des affûts, des machines de guerre, des porte-fusées, des appareils de toute sorte destinés aux armées en mouvement, des porte-lumière pour transmettre les signaux de nuit ; un télégraphe électrique de campagne et son chariot, des torpilles destinées à être immergées dans la mer et à faire sauter les navires, des voitures élégantes et légères, de fortes locomotives dont les modèles se trouvent dans a même galerie.

Le groupe VII comprend une suite de salles renfermant de magnifiques échantillons de vins, de tabacs, de fécules, etc. Les vins de Hongrie, notamment, ont une exposition des plus complètes.

SUISSE.

L'histoire du travail est représentée dans la section suisse par une collection aussi curieuse qu'intéressante au point de vue scientifique. Dans les vitrines disposées le long de la rue d'Espagne, on voit un grand nombre d'objets ayant servi aux populations Lacustres, c'est-à-dire à la race humaine la plus ancienne, dont les archéologues aient eu à constater l'existence.

Les beaux-arts n'ont pas de place dans la première galerie. Ils ont dans le Parc un emplacement spécial, dont nous parlerons en son lieu.

Les arts libéraux, qui occupent la deuxième galerie, sont surtout représentés par des cartes et des plans géographiques.

Les meubles sont en petit nombre et ne présentent rien de très-remarquable ; en revanche le vêtement et les objets portés par la personne occupent une large place et avec un éclat exceptionnel. Nous signalerons les broderies, la salle des fils et des tissus, l'une des plus belles de l'Exposition, sous le rapport de l'étendue et de la disposition des couleurs. Les soies et les bijoux sont également bien représentés.

Dans la rue d'Espagne, des bois sculptés occupent une vitrine spéciale.

Les matières premières sont représentées par quelques échantillons remarquables.

Dans la galerie des arts usuels, on voit des métiers à tisser pour quatre navettes, des ourdisseurs, des moulinages de soie, une machine à broder, deux pyramides, couvertes de faux de toutes grandeurs.

Le VIIe groupe comprend des échantillons de vins assez nombreux.

ESPAGNE.

Immédiatement après l'exposition suisse, nous entrons dans la partie espagnole. Le long de la muraille du jardin central, on trouve des plans d'architecture représentant les monuments les plus remarquables de la Péninsule depuis l'invasion des Maures, ainsi que quelques sculptures. Il en est de même pour le côté droit de la rue d'Espagne qui nous conduit jusqu'au portique de l'histoire du travail.

Dans la partie espagnole de la galerie de l'histoire du travail, on remarque de beaux manuscrits arabes et latins; des harnais et armures du moyen âge, des spécimens d'orfévrerie, de vieilles impressions et des modèles d'anciens monuments.

Nous arrivons ensuite dans la salle des œuvres d'art.

Les morceaux capitaux nous ont semblé manquer absolulument dans cette partie de l'exposition artistique. Nous renvoyons au Catalogue les personnes qui voudraient se faire une idée générale de l'état de la peinture espagnole à l'époque actuelle.

Le matériel des arts libéraux ne nous offre que quelques belles éditions d'ouvrages classiques, un cinésomètre, des modèles anatomiques et orthopédiques.

Nous passons ensuite dans la salle du mobilier, après avoir jeté un coup d'œil sur un magnifique ostensoir disposé dans une vitrine au milieu de la rue d'Espagne. On remarque, outre quelques curieux spécimens de la tabletterie, des verreries délicates et certains cosmétiques. L'orfèvrerie est surtout religieuse : elle borde la rue d'Espagne.

En sortant de cette salle, nous trouvons, au milieu de la voie rayonnante, l'exposition des porcelaines de Séville.

Nous entrons ensuite dans la salle qui correspond au IVᵉ groupe de la classification. On y remarque des mannequins représentant les costumes nationaux, des échantillons de tissus divers, des dentelles, des chapeaux civils et militaires, des chaussures, etc.; de belles armes remarquables surtout par la qualité des lames ; nous mentionnerons enfin l'exposition de l'artillerie comprenant des modèles de pièces montées et attelées.

Nous passons dans la salle des matières premières. Les cuirs y dominent. Sous ce rapport, l'Espagne n'a pas démérité de la vieille réputation qu'elle avait acquise sous la domination mauresque. En regard se trouvent des cocons, des laines, des cires et du tabac originaire de la Péninsule.

Nous arrivons maintenant dans la grande galerie du travail. Ici nous constaterons que, malgré les immenses richesses que possède l'Espagne, les moyens de les exploiter ne sont pas représentés d'une manière complète à l'Exposition universelle. Nous avons remarqué dans cette section de beaux spécimens d'acier fondu, des appareils télégraphiques, une presse monétaire, un puissant moteur. Le génie civil est représenté par des modèles en relief de certains ports, de phares, etc. Contre la muraille, on remarque des mosaïques curieuses, l'exposition des cigares et des tabacs de la Havane, et enfin du côté droit des harnachements qui rappellent, par les broderies dont ils sont couverts, le style mauresque qui a laissé des traces si profondes dans toute la civilisation espagnole.

Dans le Parc se trouve une annexe consacrée aux matières premières.

PORTUGAL.

L'histoire du travail dans la section portugaise est représentée par quelques antiquités du moyen âge et surtout par de curieux manuscrits et des cartes marines qui servaient aux aventureux navigateurs de Lisbonne dans les voyages où ils se rendirent fameux.

Nous avons peu de chose à dire des beaux-arts, et nous passerons rapidement aux autres groupes, qui renferment des costumes populaires, des poteries, des nattes et de la bijouterie.

Les arts usuels ne sont représentés que par quelques échantillons. En revanche, les matières premières et les aliments sont admirablement fournis. Signalons des chanvres, des liéges, des minerais, des marbres, des vins et surtout des graines.

GRÈCE, DANEMARCK, SUÈDE ET NORWÉGE.

Nous avons peu de choses à dire de la Grèce, dont l'exposition est située immédiatement après celle du Portugal, et qui comprend surtout des matières premières, telles que marbres, chanvres etc.; des grains et des vins.

Nous avons réunis dans une même notice les pays scandinaves qui ont tant de point de similitude et dont il est facile, d'ailleurs, d'embrasser rapidement l'exposition.

Les parties danoise et suédoise de l'histoire du travail

se font surtout remarquer par des armes et objets auxquels se rattache un souvenir historique, et parmi lesquels nous citerons l'armure de Gustave-Adolphe, le berceau de Charles XII, le tambour et la bannière qu'on portait devant lui, etc.

Les beaux-arts renferment surtout des sculptures dont beaucoup sont remarquables.

Nous passons rapidement dans les salles des arts libéraux, du mobilier et du vêtement ; les costumes populaires exposés dans la galerie longitudinale accaparent presque entièrement et à juste titre l'attention.

Les matières premières se composent surtout de minerais remarquables, de chanvres et de lins.

La galerie des arts usuels est occupée en grande partie par des filets et engins de pêche, des cordages, etc.

RUSSIE.

L'histoire du travail est représentée par des vignettes extraites de manuscrits grecs et moscovites, exposés sous le promenoir du jardin central, dans la section russe par des modèles d'armes et d'armures, des spécimens d'orfévrerie et des antiquités sibériennes, placés dans le portique intérieur. Une panoplie surtout

mérite notre attention : c'est celle qui se trouve la pre
mière à droite en entrant. On y remarque plusieur
armes à feu, carabines et pistolets, datant du xviie et d
xviiie siècle, construits sur le principe des révolvers e
présentant un mécanisme aussi complet qu'il est possibl
de le désirer. Les Américains n'ont donc rien inventé e
ce qui touche les armes à système rotatif et le premie
révolver est peut-être venu dans les Etats-Unis par l
détroit de Behring.

La salle des œuvres d'art renferme plusieurs toile
remarquables. Les tableaux de genre surtout nous on
attiré par la vérité des détails et le charme de l'expres
sion, mais ils pèchent peut-être sous le rapport de l
couleur.

Signalons enfin des bronzes extraordinaires par l
finesse de l'exécution et le sentiment artistique de l'en
semble.

On remarque dans la salle des arts libéraux de très
belles photographies polonaises, des spécimens de cos
tumes nationaux et des albums très-richement reliés.

Dans la salle du mobilier, de beaux objets d'orfévreri
de magnifiques mosaïques, une très-jolie collection d
verreries provenant des manufactures impériales, un
exposition de marqueterie d'un goût un peu barbare, ma
magnifique.

La salle du vêtement contient des *samavars* ou grand

théières placées là, on ne sait trop pourquoi ; une très-belle collection de fils, de toiles, de fourrures, etc., etc.

Dans la salle du vêtement nous trouvons l'exposition du Ministère de la guerre, des spécimens de chapeaux, de chaussures, de soieries, etc. Un parfum pénétrant de cuir de Russie nous arrive pendant que nous examinons des cuirs et des échantillons de fils.

Nous arrivons dans la salle des industries extractives, qui se prolonge jusque dans la grande galerie du travail. Là nous trouvons des laines, de beaux échantillons de laves, de magnifiques plaques de cuivre, l'exposition des produits finlandais gardés par un mannequin revêtu du costume lapon, l'exposition des bois polonais, un plan de musée agricole, un bloc immense de malachite et un bloc de charbon de dimension aussi respectable.

La section des machines, dans la grande galerie du travail, nous offre peu de produits. Les plus remarquables sont des pompes si nécessaires dans les villes moscovites, où des incendies éclatent toutes les nuits ; quelques modèles d'instruments aratoires, des cordages, des coupes de navire, etc.

La galerie des aliments rassemble de nombreux échantillons de denrées spéciales à la Russie, telles que sucre, vin, pâtes, fruits, etc.

ITALIE.

La section italienne de la galerie des œuvres d'art renferme des tableaux estimables, mais cependant nous devons ajouter qu'ils sont bien inférieurs comme valeur artistique aux statues. Il est impossible de ne pas constater la grâce et la vérité d'expression qui se retrouvent dans ces magnifiques échantillons de marbre aussi blanc que l'albâtre. On peut, toutefois, reprocher aux statues italiennes un certain parti pris de mollesse féminine ; aussi la statue de Napoléon 1er mourant mérite-t-elle d'autant plus nos éloges qu'elle relève entièrement le caractère de cette partie de l'Exposition.

———

Dans la galerie des arts libéraux, nous ne trouvons à signaler particulièrement qu'une belle collection d'émaux photographiques, un grand nombre d'instruments de cuivre et une curieuse reproduction photographique de manuscrits grecs.

———

La salle du mobilier est surtout remarquable par le grand nombre de meubles en bois sculptés et incrustés qu'elle renferme, ainsi que par de magnifiques échantillons de marbre travaillé.

———

Si nous passons dans la salle du vêtement, nous rencontrons encore un grand nombre d'objets qui appartiennent au mobilier, tels que les porcelaines et faïences, et d'assez belles mosaïques. Le vêtement n'est représenté que par une belle collection de soies et un certain nombre de bijoux de corail d'un très-bel aspect.

La galerie des matières premières est surtout remarquable au point de vue chimique et pharmaceutique (classe 44). On y rencontre également une belle collection de marbres, d'albâtres, de serpentines, etc. Les matières premières font invasion jusque dans la grande galerie du travail, où nous trouvons les minerais et les cuirs.

Dans la grande galerie du travail, nous ne rencontrons que peu de machines italiennes. Nous n'avons guère à citer que de très-belles machines maritimes, des blindages, etc., des pressoirs, quelques appareils télégraphiques et des plans du génie civil. Nous devons, en outre, signaler les trophées composés de chanvre, d'échantillons de bois et d'échantillons de cire.

La galerie des aliments est surtout riche en pâtes, comme on devait s'y attendre, en charcuterie et en liqueurs diverses.

ÉTATS-ROMAINS.

La salle des beaux-arts, attribuée aux artistes romains, est surtout remarquable par la quantité des marbres qui y sont exposés. De là, nous passons dans la salle des arts libéraux, où nous remarquons des plans d'antiquité romaine et enfin le Météorographe du père Secchi, attire spécialement l'attention. Ce magnifique instrument suffit, à lui seul, pour racheter le reproche de pauvreté qu'on serait en droit d'adresser à l'exposition des États-Romains.

Dans la section affectée au mobilier, nous n'avons trouvé qu'un vase d'albâtre, dont le travail, les dimensions et la beauté de la matière méritent d'être signalés.

Le reste de cette exposition ne présente que des produits qui, par leur nature, se confondent avec ceux du reste de l'Italie.

PRINCIPAUTÉS ROUMAINES.

Les Principautés Roumaines occupent, dans le Palais, la partie droite de la galerie occupée à gauche par les États-Romains. Comme œuvre d'art, l'exposition de la Roumanie est à peu près nulle, le mobilier également. Comme vêtement, nous trouvons de belles fourrures et de curieux spécimens de costumes.

Comme échantillons des industries extractives, nous trouvons des bois et des charbons remarquables et deux bustes en sel gemme. Dans les produits de la chasse, nous trouvons des oiseaux et des animaux très-bien empaillés. Dans la galerie des arts usuels, nous n'avons à signaler qu'un magnifique traîneau, garni de fourrures. Dans l'exposition des produits alimentaires, nous remarquons des grains, des vins et des pâtes. A côté se trouvent quelques spécimens qui s'écartent légèrement de la classification adoptée : ce sont des collections de pétrole et des collections géologiques.

EMPIRE OTTOMAN.

Les beaux-arts sont, comme on le pense, peu représentés dans l'exposition de l'Empire ottoman, aussi passerons-nous immédiatement à la galerie des arts libéraux, où nous trouvons de magnifiques reliures destinées surtout à des exemplaires du Coran, ce livre, pour ainsi dire, unique de l'Orient. Nous trouvons à côté le matériel si compliqué de l'écrivain, comprenant encre, plumes, canifs, etc. On sait l'importance de l'art du copiste en Turquie et chez les peuples arabes ; on s'arrêtera donc avec un intérêt tout particulier devant cette vitrine. Au-dessus sont des instruments de musique très-variés et d'une forme pittoresque.

La partie remarquable de l'exposition turque est surtout le tapis. Comme dans la partie française, on en a disposé les échantillons dans les diverses sections de manière à utiliser la surface des murailles. Il est impossible de ne pas admirer les couleurs multiples et les magnifiques broderies d'or, d'argent et de soie qui ornent ces tissus, aussi moelleux que solides.

Nous signalerons ensuite des fourrures, des poteries, des faïences, des spécimens d'orfévrerie, des chibouques et des narguillés, des costumes populaires, des armes, des selles très-belles; enfin, dans les parties consacrées aux matières premières et aux produits, des collections d'histoire naturelle, des produits chimiques, des minerais, des pierres, des marbres, des vins, des céréales, des tabacs et des cires

---

EGYPTE, CHINE, JAPON, SIAM, PERSE, TUNIS ET MAROC.

L'Orient est représenté, comme tous les autres pays, à l'Exposition, mais il l'est plutôt, on le comprendra, au point de vue ethnographique qu'au point de vue de la science et de l'industrie modernes. Il serait impossible d'é-

numérer systématiquement tous les objets rares et intéressants réunis dans cette partie du Palais, depuis les
gravures japonaises, les vases de Chine, les costumes
égyptiens, jusqu'à l'éléphant blanc du roi de Siam.

L'exposition tunisienne est cependant assez complète
et forme une suite de salles représentant le mobilier, le
vêtement, etc. Nous conseillons au visiteur de ne pas nous
demander de renseignements et de faire comme dans un
pays inconnu où l'on a tant à faire de regarder, qu'on n'a
plus souci du but où l'on va ni de la route qu'on a par-
courue.

ÉTATS-UNIS.

Les États-Unis n'ont pas de salle spéciale pour les
beaux-arts à l'Exposition universelle; les tableaux exposés,
dont on aurait peu de chose à dire sous le rapport artistique, occupent les deux côtés de la rue d'Afrique et sont
en très-petit nombre.

Nous passons immédiatement aux salles des arts libé-
aux, qui offrent un certain nombre d'objets intéressants.
Nous y avons remarqué surtout des photographies représentant certains sites américains, des livres imprimés en
relief à l'usage des aveugles, des globes géographiques.
L'exposition des instruments de musique est très-belle :
les pianos sont représentés par de magnifiques instru-

ments dont tous les jours des exécutants habiles font valoir la sonorité et la justesse.

Dans la galerie du mobilier, nous rencontrons d'abord des machines astronomiques qui, ce nous semble, auraient dû être placées dans le matériel des arts libéraux, entre autres un planetarium indiquant d'une manière aussi ingénieuse que précise l'ensemble des mouvements célestes. Mentionnons encore un billard excellent, de belles cheminées en marbre américain, une table en marqueterie, des coucous très-originaux et des pipes en écume d'un beau travail.

La salle du vêtement renferme surtout des habits militaires et des chaussures. Au centre, se trouve une bouche à feu révolver qui se trouve là peut-être en dépit de la classification.

La salle des matières premières est très-bien et très-richement garnie. On y trouve de très-beaux minerais, parmi lesquels les minerais californiens attirent surtout l'attention des visiteurs. Viennent ensuite des collections géologiques, de beaux produits chimiques et pharmaceutiques, des fourrures en regard desquelles se trouvent des échantillons d'animaux empaillés, et entre autres un ours blanc de la plus belle venue.

Les machines exposées dans la grande galerie du travail ne sont pas en très-grande quantité, mais une annexe située le long du boulevard de l'Ouest en renferme un nombre assez considérable. Dans la galerie du Palais,

ous avons particulièrement remarqué des machines à
ler et à tisser, des pompes à vapeur et à incendie, des
machines à vapeur, une machine à épuisement, des machines à coudre et des modèles de navire.

BRÉSIL ET RÉPUBLIQUES AMÉRICAINES.

Ce que nous avons dit des pays orientaux s'applique
in substance aux contrées américaines. Nous mentionnerons cependant plus spécialement les fibres exposés par
le Brésil, les costumes populaires de l'Amérique du Sud
et les matières premières aussi excellentes qu'originales.

INDE ET COLONIES ANGLAISES.

L'exposition des Indes et des Colonies anglaises est surtout remarquable par les antiquités et les objets d'ethnographie et d'histoire naturelle qu'elle renferme. Après
avoir admiré les bois sculptés de Bombay, un beau com-
bat de tigres et de lions, accordons un coup d'œil aux
cartes de l'Inde, aux cristaux, aux ivoires, aux vases chinois, aux armes, etc. Rendons-nous ensuite dans la salle
australienne, où nous trouvons des cuirs, des paillettes
d'or, des laines, etc.; plus quelques inventions ingénieuses

qui prouvent que la science a poursuivi son chemin jusqu'aux antipodes.

GRANDE-BRETAGNE ET IRLANDE.

La section anglaise de l'histoire du travail offre certainement une suite moins complète que les galeries françaises consacrées aux collections du même genre, mais les spécimens sont admirablement choisis et présentent un attrait tout particulier. Signalons en première ligne des éditions curieuses et des manuscrits, une magnifique collection d'armes défensives, des dentelles, des gravures et des étoffes datant du dernier siècle; enfin quelques échantillons d'antiquité appartenant aux âges anté-historiques.

La galerie des œuvres d'art renferme un grand nombre d'œuvres originales. La couleur des peintres anglais nous surprend toujours un peu et l'exécution nous semble également quelquefois bizarre; mais nous devons rendre cette justice à l'exposition anglaise des beaux-arts, qu'elle présente une grande variété de sujets et se distingue en cela de l'exposition française qui nous paraît ne comprendre à première vue qu'un très-petit nombre de catégories distinctes.

La galerie des arts libéraux est surtout riche en spécimens d'imprimerie et de librairie, en application du dessin et de la plastique aux arts usuels, en épreuves et appareils de photographie, etc. Parmi les produits de la Classe 6, nous mentionnerons spécialement la collection de tous les journaux et publications ayant paru en Grande-Bretagne pendant l'année 1866. Les pianos et instruments de musique sont fort nombreux et de très-bonne qualité. Certains jours de la semaine, à heure fixe, des artistes distingués se font entendre dans cette section du Palais.

La place réservée au Groupe III (Mobilier) est envahie par un certain nombre de vitrines appartenant au Groupe IV (Vêtements et objets portés). Nous mentionnerons, toutefois, quelques beaux meubles, de nombreux appareils de chauffage et d'éclairage, des lustres et des cristaux magnifiques, une orfévrerie remarquable. La Classe 26 (Maroquinerie et tabletterie) est représentée par de beaux spécimens. Les faïences, porcelaines, terres cuites, sont également très-nombreuses et très-réussies. Dans toute cette partie de l'Exposition prédomine le caractère pratique et solide qui distingue en général la fabrication anglaise.

Le Groupe IV comprend une grande quantité d'échantillons plutôt qu'une grande variété de produits. Les draps, les flanelles, les dentelles, les cotonnades, etc., occupent une grande superficie, et méritent un examen attentif, quoique nous soyons obligé de déclarer que l'industrie française a su rassembler des spécimens également remarquables.

———

La galerie des matières premières (Groupe V) peut rivaliser avec la France et l'Allemagne. Mentionnons les fers ouvrés ou non, les fils de fer, les cuirs, les produits chimiques et pharmaceutiques, les procédés de teintures, les baudruches, les laines, les préparations d'animaux et d'oiseaux, les crins, les outils de Sheffield, les creusets de platine, les charbons et minerais, etc. Tous ces échantillons sont parfaits dans leur genre et soutiennent dignement la vieille réputation de la Grande-Bretagne.

———

L'exposition anglaise du goupe VI commence par les phares qui sont représentés par une collection très-complète et très-intéressante. A droite, contre la muraille, contre une cloison, se trouvent des photographies représentant divers travaux du génie civil. Au-dessous se trouvent des échantillons de bois appartenant à l'exposition de la colonie de la Nouvelle-Galles du Sud, à laquelle une petite salle est réservée dans la grande galerie. A gauche sont des câbles et une salle consacrée spécialement aux céréales.

La carrosserie vient ensuite concurremment du côté gauche avec le matériel des chemins de fer et des télé-

graphes; à droite, contre la muraille, se trouvent la
bourrelerie, la sellerie et des échantillons de papiers
peints. La carrosserie anglaise occupe une surface presque
égale à celle qui est attribuée dans la section française
dans la classe 42. Nous avons remarqué que, si les produits de cette dernière se recommandaient par l'élégance
de la caisse, la qualité des vernis et ornements, la carrosserie anglaise l'emporte peut-être pour la délicatesse, le
fini et la solidité des roues et des ressorts.

A gauche, la muraille est en partie occupée par des
toiles cirées d'une belle coloration. Le matériel des chemins de fer empiète un peu, comme nous l'avons déjà
dit, sur le terrain réservé à la carrosserie. On y trouve de
fort belles machines, et contre la muraille à gauche, des
échantillons d'aciers pour ressorts, etc., les plus remarquables.

Les procédés du teillage et du tissage viennent ensuite.
Les machines à tisser se prolongent, dans toute la partie
droite, presque jusqu'au grand vestibule. On voit là les
machines les plus puissantes et les plus perfectionnées du
monde entier. Rien n'est plus intéressant que cette exposition, et nous donnons au visiteur le conseil de la visiter
avec le plus grand soin.

Tout le long des machines à tisser, contre la muraille
à droite, se trouvent un grand nombre de machines à
coudre, à piquer les chaussures, à fabriquer les bou-
tons, etc.

Reprenons la partie gauche au point où nous l'avons
laissée. Nous trouverons d'abord des machines à l'usage
des brasseries et de la papeterie et des appareils divers;

contre la muraille, outre divers échantillons de ces mêmes industries, des câbles sous-marins, des modèles de machines élévatoires, des tubes et des robinets. Nous trouvons aussi une salle où sont exposées quelques machines, entre autres une machine à fabriquer les aiguilles et une autre à faire des crayons.

Au milieu, toujours à gauche, se trouvent des machines à blanchir et des machines-outils au nombre desquelles se trouvent des machines à scier, à tourner, à cercler, etc. Contre la muraille se trouve l'exposition des procédés employés dans l'extraction du gaz. A gauche, au milieu de la galerie, se trouvent les machines employées à la fabrication des canons *Whitworth*, divers appareils du génie civil.

Viennent ensuite des machines hydrauliques, des machines servant à l'exploitation des mines, enfin de puissantes grues à vapeur, la colonne indiquant la quantité d'or extrait des mines australiennes, et à droite l'exposition du matériel et des procédés de la direction anglaise des postes.

A gauche, contre la muraille, se trouvent les engins de chasse et de pêche, des creusets, des horloges et des modèles de carillons.

LE PARC DU CHAMP DE MARS.

Si dans le Palais de l'Exposition tout est ordre et méthode, le Parc au contraire, quoique réparti selon des principes invariables, présente dans ses dispositions un imprévu qui en augmente les agréments. Pour épargner trop de détours au visiteur nous avons été obligé de suivre un itinéraire un peu fantaisiste, mais qui a l'avantage d'abréger la route à suivre et de permettre à ceux qui ne seraient pas familiarisés avec les méandres du Parc de se retrouver facilement.

Après avoir décrit la grande avenue, nous parcourons donc le quart français ; après avoir passé devant la porte de Labourdonnaye, nous visitons la partie belge. Nous remontons ensuite l'avenue d'Europe et nous nous engageons dans le quart allemand, d'où, après avoir passé devant la porte de Suffren, nous passons dans le quart anglais où sont également réunies les expositions orientales.

LA GRANDE AVENUE.

Après avoir franchi les tourniquets, nous apercevons, à droite et à gauche, des fontaines et des statues en fer, ainsi que des spécimens de l'industrie métallurgique. A droite le pavillon des phares électriques s'élève à quelque distance. A gauche, nous trouvons ensuite un moulin à vent et le pavillon de la photosculpture ; à droite un hangar renfermant les canons, carabines, munitions de guerre, etc., de la Grande-Bretagne (industrie privée). En avançant, nous rencontrons à gauche une exposition de vitraux et le pavillon de l'Empereur; à droite une maison recouverte en terre cuite et renfermant les appareils de chauffage et d'éclairage de la Grande-Bretagne. Enfin, avant d'arriver sous la marquise qui précède le grand vestibule, les tigres de Caïn.

LE QUART FRANÇAIS.

Après avoir parcouru la grande avenue, le visiteur se trouve devant le grand vestibule ; nous lui conseillons de suivre le promenoir couvert devant lequel il verra d'abord une maison ouvrière, puis, en entrant dans l'allée de Bretagne, à droite, des générateurs à vapeur, des soieries et cachemires, une stéarinerie; à gauche un cabinet d'électrométalurgie, puis après avoir traversé le grand boulevard, une exposition d'outils pour la fabrication des meubles, une cristallerie, des moulins à vent, une machine à dégraisser les laines, plus loin des appareils fumivores. En se rapprochant de la grande avenue, l'église, dans laquelle se trouve une très-belle exposition d'art religieux ; plus loin il trouvera une exposition de compteurs à gaz, des bétons agglomérés, à droite le phare des Roches-Douvres, et plus loin après le lac. Il suivra l'allée de Saintonge où l'on remarque la Société internationale de secours aux blessés, puis l'exposition du Ministère de la guerre dans l'allée de Bourgogne, dans laquelle se trouve les porcelaines et les produits céramiques, une fabrique de chocolat, une très-belle exposition de soieries et de cachemires ; puis, en prenant à gauche, il arrivera au grand boulevard où il trouvera un château d'eau, des générateurs de vapeur, un très-beau carillon fabriqué pour l'église de Buffalo en Amérique, des appareils d'éclairage, un modèle de chalet et une maison des ouvriers de Paris ; à gauche il remarquera des appareils réfrigérants pour glaces et sorbets, des presses typographiques, et en arrivant à l'allée de Guyenne, il se trouvera en face d'appareils de chauffage, du modèle de la machine de Marly, à côté de laquelle se trouve le chalet de la Commission impériale. En suivant le boulevard du Nord il verra à droite, contre l'avenue de Labourdonnaye, une annexe de l'exposition du génie civil et des travaux publics, du matériel des chemins de fer ; à gauche des machines à papier, une exposition de meules, des presses typographiques, parmi lesquelles fonctionne avec le plus grand succès la machine à imprimer les cartes de visite,

sans encre, de G. Leboyer ; à droite la grande boulange-
gerie, une très-belle exposition de machines et outils, et
en tournant le dos à ces annexes il se trouvera devant le
Théâtre International, plus loin et en suivant toujours le
boulevard du Nord il verra la manutention civile et militaire et la superbe exposition du Creusot.

A droite, l'exploitation des mines et de la métallurgie et
les procédés de chauffage et d'éclairage. Il passera devant la
porte de l'Université et trouvera les ateliers de photographie, et à droite, avant d'arriver au passage du port, pour
aller sur la berge, des pompes à eau.

LA BERGE.

La berge est occupée par un certain nombre de hangars où sont renfermés des objets appartenant soit à la
marine, soit à la mécanique générale, soit à la classe 52.
Parmi les machines maritimes, on remarque surtout une
grande machine à hélice de la force de 1,000 chevaux.
Vient ensuite l'exposition de la classe 66 *bis* (navigation
de plaisance), où sont réunis des modèles d'embarcation,
le matériel de l'équipement naval, et enfin un grand nombre de bâtiments de luxe, appartenant presque tous à des
princes du sang ou à de hauts personnages.

La Grande-Bretagne a exposé dans un hangar, à gauche, des modèles de navires, des apparaux, des machines, etc. Un ponton amarré en face, abrite les canots
destinés à des navires de plaisance.

QUART BELGE.

Le quart belge du Parc, dont il faut déduire l'espace occupé par le jardin d'horticulture, comprend les établissements suivants, en partant de la marquise de la porte Labourdonnaye :

Les fauteuils roulants ;

L'exposition française des filtres pour l'eau ;

Un générateur correspondant à la classe 51 (grande galerie du travail) ;

L'annexe des classes 61 et 62 (carrosserie, bourrelerie, et sellerie), spécialement affectée aux omnibus de Paris et renfermant des spécimens et des projets remarquaquables;

Un kiosque destiné à une exposition de persiennes en fer.

Après avoir traversé l'avenue de Hollande, nous trouvons :

Un pavillon destiné aux peintures sur porcelaine ;

L'annexe pour les beaux-arts, où se trouvent de très-remarquables tableaux, où les effets de lumière sont surtout originaux ;

La tente du roi, où sont exposés des pièces de canon et des appareils destinés à l'artillerie, qui méritent l'attention au double point de vue de la perfection du travail et de l'excellence des matériaux employés;

Un générateur correspondant aux classes 58 et 60 (grande galerie des machines);

Une métairie où sont rassemblés les animaux et les instruments de nature à faire connaître les détails d'une exploitation rurale des Pays-Bas.

Nous rencontrons ensuite un établissement qui a le privilége d'attirer d'une manière toute spéciale l'intérêt du public, c'est la taillerie de diamants de M. Coster. C'est une industrie essentiellement nationale, car on sait que l'invention des procédés pour tailler le diamant est due aux Hollandais. Les ouvriers employés dans cet atelier travaillent sous les yeux des visiteurs, et satisfont avec une parfaite obligeance à leur curiosité.

Nous entrons ensuite dans la section belge du Parc.

Le premier édifice qui se présente est une maison ouvrière (classe ouvrière). A côté se trouve une rotonde où sont exposées un certain nombre de machines qui n'ont pas trouvé place dans la grande galerie du travail. Comme les appareils exposés dans cette dernière partie, ceux qui se trouvent dans cette rotonde appartiennent surtout à la classe 47 (Exploitation des mines et de la métallurgie).

Nous rencontrons après une chaudière, une maison agricole, une maison d'ouvriers, enfin l'annexe des beaux-arts, où sont exposées un grand nombre d'œuvres que nous avons appris à estimer dans les derniers salons.

AVENUE D'EUROPE.

En sortant de la rue de Belgique, nous trouvons à gauche l'annexe des beaux-arts belge; à droite, la statue du roi de Prusse ; à gauche, le jardin d'horticulture, puis à droite l'annexe des beaux-arts de la Bavière, enfin l'annexe de la carrosserie belge et divers établissements agricoles.

QUART ALLEMAND.

Au bout de l'avenue d'Europe et près de l'Ecole Militaire, en tournant à droite, nous conseillons au visiteur de suivre l'allée qui se présente devant lui et près de laquelle il trouvera un parc à volailles, des couches à champignons, des objets de campement; à gauche, le grand restaurant omnibus; près de l'allée de Saxe, un établissement de dégustation pour les vins, une exposition de maçonnerie en ciment, des machines agricoles, des appareils balnéaires; un peu plus à gauche, un spécimen des caves de Roquefort, des volières et des meubles de jardin, une ferme, le comice agricole du département du Nord, un hangar de culture locale, puis en face de la porte Dupleix, à gauche, le matériel d'exploitations rurales, une laiterie, et tout le long du mur une annexe pour les machines agricoles et des écuries, quatre machines agricoles. En suivant à droite le boulevard du Sud, il trouvera une annexe de l'Espagne et plus loin après l'annexe de Bohême, une exposition de poteries, une maison de Basse-Autriche et une maison de Haute-Autriche, un pavillon d'exposition du Portugal; à droite, contre l'allée de Bohême, une boulangerie et une maison hongroise, puis, un peu plus loin, avant l'avenue de Suisse, une annexe pour les beaux-arts et l'agence de la Suisse. Dans cette annexe on remarque un assez grand nombre de très-bonnes toiles, où prédominent les paysages. Avant d'arriver au grand boulevard, on trouvera une yourta, habitation des Tartares nomades.

Avant d'arriver à la porte Kléber, se trouve une belle exposition de carrosserie et de sellerie ; des écuries renferment de magnifiques chevaux de race moscovite. Le visiteur, en se retournant, trouvera à sa gauche l'agence russe, et en suivant le grand boulevard, la maison russe (Isbah), où se trouvent des costumes et des vêtements populaires.

En remontant, nous trouvons la maison de Gustave Wasa et une annexe de l'exposition de Suède ; à droite une maison tyrolienne, et dans l'allée d'Allemagne, une grande brasserie, l'exposition des bois des forêts de l'État en Autriche, remarquable par les dimensions et l'excellence des produits; une annexe pour les machines de Wurtemberg, à droite, avant l'allée d'Allemagne, un cottage de Norvége, rempli de modèles de navires et de gréements de matières premières.

Vient ensuite le jardin allemand où se trouvent un kiosque original, un étang et des spécimens d'horticulture très-réussis.

QUART ANGLAIS.

En entrant dans cette partie du Parc, nous trouvons d'abord l'exposition italienne, comprenant une salle destinée spécialement aux produits agricoles, et une maison pompéienne renfermant des émaux et des objets d'art.

L'exposition de l'Empire ottoman, dans le Parc, se compose de trois constructions élevées dans le Parc : 1° Une mosquée ; 2° un kiosque du Bosphore ; 3° un modèle de bain public. Le plan de la mosquée du Champ de Mars est carré, l'édifice est surmonté d'une coupole, la salle principale est précédée d'un vestibule, destiné à recevoir les chaussures des fidèles. Le pavillon, situé à droite et à l'angle de la façade, contient la fontaine, et dans celui de gauche sont placées des horloges pour indiquer les heures des prières.

Le kiosque, situé à droite de la place en sortant de la mosquée près du grand temple égyptien, est une représentation des anciennes maisons de plaisance, dont quelques-unes existent encore aujourd'hui sur la rive droite du Bosphore, en Asie. On y remarque des vitraux d'un effet charmant. C'est là que le Musulman fume le chibouque en prenant du café.

Le bain élevé en face du kiosque est une construction fort simple, copie en miniature des établissements ordinaires de bains publics en Turquie. Il est divisé en trois salles contiguës, revêtues de coupoles. Dans la première, le baigneur quitte ses habits, puis il entre dans la seconde, déjà chaude, où il se prépare à pénétrer dans la troisième, l'étuve, où la chaleur abonde.

L'exposition égyptienne, située en face, comprend :

1° *Le Temple* : Étude archéologique et reproduction du petit temple de l'Est, à Philée. Ce monument est un échantillon de l'art égyptien, à l'époque où florissait, sur les bords du Nil, cette civilisation qui y a laissé de si étonnants vestiges.

2° *Le Salamlick* : Étude d'architecture arabe aux temps des Khalifes; on y trouve un plan en relief de l'Egypte, depuis la Méditerranée jusqu'aux environs de Miniey, une des villes de l'ancien Heptonomide; quelques antiquités arabes sont exposées dans la salle qui est destinée à servir de pied à terre au Roi, pendant sa visite projetée à l'Exposition.

3° *Un Okel* ou caravansérail, bâti sur le modèle de ceux qu'on trouve dans la Haute-Egypte, particulièrement à Quench, à Girgéh et à Assuan. Dans l'Okel, a été déposée, au premier étage, une collection de crânes de momies recueillies dans les hypogées de toutes les parties de l'Egypte. Cette collection, qui embrasse une période d'environ quarante siècles, est mise à la disposition des personnes qu'intéressent les questions d'anthropologie. C'est dans l'Okel que le public est admis à voir travailler les ouvriers indigènes des différents corps de métiers amenés d'Egypte; on trouve aussi dans l'Okel un café à la mode arabe, également desservi par des indigènes.

4° *Les écuries*. On y voit deux dromadaires et des ânes des meilleures races égyptiennes.

L'exposition de la Compagnie de l'isthme de Suez qui

vient après, comprend des plans en relief des travaux exécutés; des modèles de machines et de bâtiments employés; une collection géologique ; une collection archéologique et d'objets d'histoire naturelle ; enfin, un diorama montrant toute la partie de l'isthme que traversent les travaux.

Nous trouvons ensuite une maison roumaine, un temple mexicain, un kiosque siamois, le jardin d'été et le théâtre chinois, la tente de l'Empereur du Maroc, et le palais du Bey de Tunis qui constitue un des monuments les plus remarquables du parc.

Le palais du Bey est, en façade, la reproduction très-exacte du palais construit à Tunis, le Bardo. On y remarque d'abord un péristyle d'où on arrive dans un vestibule à droite duquel se trouve la chambre de justice du Bey. A gauche du vestibule est la salle des gardes, puis le salon du premier ministre ; par cette chambre, on entre dans la chambre d'honneur du Bey. Au centre du palais, se trouve le salon d'été. On y remarque des faïences, très-remarquablement décorées. Du salon d'été, on pénètre dans la chambre du Bey. Une fenêtre centrale est surmontée d'une rosace à verres. A droite du salon d'été, se trouve une galerie qui est consacrée à un musée d'antiquités carthaginoises. A droite et à gauche de l'escalier d'honneur, se trouvent deux corps de garde, et deux cages grillées destinées à contenir des bêtes féroces. Sur la face qui regarde la grande avenue du Velum, se trouve un immense café arabe dont le plafond est ornementé de coupures faites à la main. A la suite de ce café, se trouve une boutique de barbier. Sur la façade qui longe le promenoir de la gare, on a installé une série de bazars arabes, avec leur étalage bariolé de rouge et de bleu, doré, argenté, et les cases renfermant les étoffes et les bimbeloteries les plus curieuses.

L'exposition des Etats-Unis, dans le parc, comprend un modèle de ferme américaine, une maison d'école et une boulangerie

Les établissements anglais sont : un phare, une caserne-hôpital, un hangar contenant des munitions et des armes exposées par le ministre de la guerre, et la maison destinée aux appareils de chauffage et d'éclairage dont nous avons déjà parlé.

Le long du boulevard du Sud, se trouve une série de hangars, où l'Amérique et l'Angleterre ont exposé un grand nombre de machines, notamment des machines agricoles et des locomotives routières.

JARDIN RÉSERVÉ.

Le jardin réservé consacré à l'horticulture occupe la plus grande partie du quart belge. Il est séparé par des grilles du reste de l'Exposition, et l'on y entre, en sortant du parc, par trois portes situées : la première, en face du pavillon de la Commission impériale; la seconde, en face de l'avenue de Brabant; la troisième, au coin de l'avenue d'Europe. — On y pénètre de l'extérieur par la porte de Tourville, située en face de l'Ecole militaire.

Ce jardin est traversé dans toute sa longueur par une rivière artificielle, à bords gazonnés. Au centre, se trouve un lac où l'on a transporté les carpes des étangs de Fontainebleau.

L'exposition d'horticulture se compose de massifs groupés en plein air d'une façon très-pittoresque, et d'un grand nombre de serres réparties sur le pourtour. Au centre, se trouve une serre monumentale d'un grand effet où la statue de l'Impératrice s'élève au milieu des plantes les plus rares et les plus originales.

A gauche et à droite de la grande serre, en faisant face à la porte de Tourville, on voit l'aquarium d'eau douce et l'aquarium maritime, construits avec des roches artificielles. Ces deux expositions des habitants de l'eau attirent de nombreux visiteurs, par le double attrait de la fraîcheur et de la curiosité.

Un pavillon de repos, destiné à l'Impératrice et décoré avec un luxe intelligent, s'élève non loin de l'avenue de Lamotte-Piquet. En face se trouve un kiosque où tous les jours, de deux à quatre heures, vient jouer la musique militaire.

Le long de l'avenue de Lamotte-Piquet existe une exposition permanente de fruits et de légumes, à laquelle fait pendant une exposition d'arboriculture le long de l'avenue de Lamotte-Piquet.

Un diorama botanique, un restaurant, un bureau de tabac, etc., offrent aux visiteurs les délassements et le confort désirables.

Paris,-Imp. PAUL DUPONT, 45, rue de Grenelle-Saint-Honoré.

9 782329 574530